Tharsilla Schulz

KMU in China

Analyse eines bedeutenden Wachstumsfaktors der boomenden Volksrepublik

Schulz, Tharsilla: KMU in China. Analyse eines bedeutenden Wachstumsfaktors der boomenden Volksrepublik, Hamburg, Diplomica Verlag GmbH

ISBN: 978-3-8366-7144-6

© Diplomica Verlag GmbH, Hamburg 2009

Bibliographische Information der Deutschen Bibliothek

Die Deutsche Bibliothek verzeichnet diese Publikation in der Deutschen Nationalbibliografie; detaillierte bibliografische Daten sind im Internet über http://dnb.ddb.de abrufbar.

Die digitale Ausgabe (eBook-Ausgabe) dieses Titels trägt die ISBN 978-3-8366-2144-1 und kann über den Handel oder den Verlag bezogen werden.

Dieses Werk ist urheberrechtlich geschützt. Die dadurch begründeten Rechte, insbesondere die der Übersetzung, des Nachdrucks, des Vortrags, der Entnahme von Abbildungen und Tabellen, der Funksendung, der Mikroverfilmung oder der Vervielfältigung auf anderen Wegen und der Speicherung in Datenverarbeitungsanlagen, bleiben, auch bei nur auszugsweiser Verwertung, vorbehalten. Eine Vervielfältigung dieses Werkes oder von Teilen dieses Werkes ist auch im Einzelfall nur in den Grenzen der gesetzlichen Bestimmungen des Urheberrechtsgesetzes der Bundesrepublik Deutschland in der jeweils geltenden Fassung zulässig. Sie ist grundsätzlich vergütungspflichtig. Zuwiderhandlungen unterliegen den Strafbestimmungen des Urheberrechtes. Die Wiedergabe von Gebrauchsnamen, Handelsnamen, Warenbezeichnungen usw. in diesem Werk berechtigt auch ohne besondere Kennzeichnung nicht zu der Annahme, dass solche Namen im Sinne der Warenzeichen- und Markenschutz-Gesetzgebung als frei zu betrachten wären und daher von jedermann benutzt werden dürften. Die Informationen in diesem Werk wurden mit Sorgfalt erarbeitet. Dennoch können Fehler nicht vollständig ausgeschlossen werden und die Diplomica GmbH, die Autoren oder Übersetzer übernehmen keine juristische Verantwortung oder irgendeine Haftung für evtl. verbliebene fehlerhafte Angaben und deren Folgen.

Inhaltsverzeichnis

Vorwort 11

1 Einleitung 15

   1.1 Ausgangssituation der Betrachtungen 15

   1.2 Zielsetzung der Studie 17

   1.3 Struktureller Aufbau der Studie 18

2 Die Entwicklung der modernen VR China 21

   2.1 Die Herrschaft Mao Zedongs und der anschließende Staatsaufbau 21

      2.1.1 Wirtschaftlicher und politischer Überblick der Ära Mao 21
      2.1.2 Modernisierungs- und Öffnungspolitik nach Mao Zedong 23
      2.1.3 Erste Entwicklung des modernen Staatapparates 27

   2.2 Etablierung moderner marktwirtschaftlicher Strukturen 28

      2.2.1 Politische Proklamation der sozialistischen Marktwirtschaft 29
      2.2.2 Entwicklung einer Privatwirtschaft in der modernen VR China 31
      2.2.3 Besonderheiten der Volkswirtschaft China heute 34

   2.3 Philosophie und gesellschaftliche Besonderheiten der VR China 36

      2.3.1 Der Konfuzianismus 37
      2.3.2 Der Taoismus 39
      2.3.3 Guan-xi 41

3 Mittelständische Unternehmen als bedeutender Teil der Privatwirtschaft in der VR China 45

   3.1 Entwicklung von mittelständischen Unternehmen in China 45

      3.1.1 Entfaltung im Zuge der privatwirtschaftlichen Entwicklung 45
      3.1.2 Gesellschaftliche Hintergründe der Mittelstandsentwicklung 47
      3.1.3 Unternehmensgründung mittelständischer Unternehmen 50

   3.2 Definition mittelständischer Unternehmen in der VR China 53

      3.2.1 Problematik und Historie der Definition des Unternehmers 53
      3.2.2 Aktuelle Definition mittelständischer Unternehmen 55
      3.2.3 Vergleich mit Mittelstandsdefinitionen anderer Länder 56

3.3	Heutige Ausprägung mittelständischer Unternehmen	58
3.3.1	Ökonomische Bedeutung innerhalb der Volkswirtschaft	59
3.3.2	Politischer Einfluss mittelständischer Unternehmen	61
3.3.3	Unternehmertum und soziale Verantwortung	63

4 Die Rahmenbedingungen mittelständischer Unternehmen in der VR China 67

4.1	Gesetzliche Grundlagen unternehmerischen Handelns	67
4.1.1	Das Unternehmensgesetz	67
4.1.2	Unternehmensbesteuerung	70
4.1.3	Arbeitsschutz- und Sozialgesetze	72
4.1.4	Eigentums- und Patentrecht	75
4.2	Finanzierungsmöglichkeiten mittelständischer Unternehmen	79
4.2.1	Investitionskredite öffentlicher Banken	79
4.2.2	Staatliche Kreditförderungsprogramm	81
4.2.3	Die Börse für mittelständische Unternehmen	83
4.3	Kulturelle Einflüsse auf unternehmerisches Handeln	85
4.3.1	Philosophische Einflüsse auf die Unternehmensstruktur	86
4.3.2	Informelle Handlungsvorgaben an Führungskräfte	87

5 Aktuelle Hemmnisse und zukünftige Chancen der Mittelstandsentwicklung in der VR China 91

5.1	Hemmende Faktoren der Mittelstandsentwicklung	91
5.1.1	Korruption in der chinesischen Wirtschaft	91
5.1.2	Erschwerter Ressourcenzugang	93
5.1.3	Mangelndes Rechtsbewusstsein	95
5.2	Zukünftige Vorteile der Mittelstandsentwicklung	97
5.2.1	Programme der Mittelstandsförderung	97
5.2.2	Ausbau der chinesischen Unternehmeridentität	99
5.3	Internationale Mittelstandsvernetzung	101
5.3.1	Auslandswanderung chinesischer Unternehmer	101
5.3.2	Chinesische Unternehmen auf dem deutschen Markt	104
5.3.3	Kulturelle Differenzen und deren Überwindung	106

6 Studie: Mittelständische Unternehmen der VR China in der Praxis 111

6.1 Aufbau und Durchführung der Studie 111
6.1.1 Ziel und Inhalte der Studie 111
6.1.2 Aufbau des Fragebogens 113
6.1.3 Durchführung der Befragung 114

6.2 Auswertung und Interpretation der Ergebnisse 115
6.2.1 Allgemeine Resonanz auf die Befragung 116
6.2.3 Analyseschwerpunkt 1: Unternehmensentwicklung 118
6.2.2 Analyseschwerpunkt 2: Unternehmensorganisation 120
6.2.4 Analyseschwerpunkt 3: Internationale Integration 122

7 Fazit 127

7.1 Abschließende Zusammenfassung 127

7.2 Abschließende Beurteilung und Zukunftsprognose 130

D Danksagung 133

L Literaturverzeichnis 135

S Sonstige Quellen 145

A Anhang 147

Anhang 1: Politisch-administratives System der VR China 147

Anhang 2: Bevölkerungsverteilung in der VR China 148

Anhang 3: Geographische Verteilung des BIP der VR China 149

Anhang 4: Steuersystem der VR China 150

Anhang 5: Ergebnisse der Mittelstandsstudie 151

Anhang 6: Auswertung der Mittelstandsstudie 161

Abbildungsverzeichnis

Abbildung 1: Reales Wirtschaftswachstum und Reallöhne, 1985-1994 26
Abbildung 2: Entwicklung des Bestands realisierter Direktinvestitionen 30
Abbildung 3: Private Unternehmer und Entwicklung ihrer Beschäftigtenzahl 33
Abbildung 4: Entwicklung des Chinesischen BIP 34
Abbildung 5: Anteile der Wirtschaftssektoren an BSP und Beschäftigung 35
Abbildung 6: Zusammenhang der drei Kernprinzipien nach Konfuzius 37
Abbildung 7: Symbol der Yin-Yang Theorie 40
Abbildung 8: Westlicher Individualismus/Chinesischer Kollektivismus 42
Abbildung 9: Rangfolge der Regulierungen bei Unternehmensgründungen 52
Abbildung 10: Darstellung der chinesischen Unternehmerlandschaft 54
Abbildung 11: Definition mittelständischer Unternehmen in der VR China 55
Abbildung 12: Mittelstandsdefinitionen verschiedener Industrieländer 57
Abbildung 13: Gesamtwirtschaftliche Bedeutung von KMU in China und der BRD 61
Abbildung 14: Struktur des Unternehmensgesetz der VR China 68
Abbildung 15: Individuelle Einkommensteuersätze für Unternehmenseinkünfte 72
Abbildung 16: Struktur des Arbeitsgesetzes der VR China 73
Abbildung 17: Patentaktivitäten der BRD und der VR China 2007 78
Abbildung 18: Eckdaten der SME-Börse Shenzhen 84
Abbildung 19: Corruption Perception Index ausgewählter Länder 92
Abbildung 20: Kumulierte chinesische Investitionen im Ausland in Mio. US-$ 103
Abbildung 21: Von chinesischen Investoren übernommene deutsche Unternehmen ... 105
Abbildung 22: Zangenbewegung chinesischer Unternehmer 109
Abbildung 23: Branchen und Regionen befragter Unternehmen 117
Abbildung 24: Eigenschaften der antwortenden Person 118
Abbildung 25: Mitarbeiteranzahl und Jahresumsatz befragter Unternehmen 119
Abbildung 26: Staatlich gegründete Unternehmen in der Auswertung 120
Abbildung 27: Anzahl der Nennungen wichtigster und größter Abteilungen 121
Abbildung 28: Auslandsengagement der befragten Unternehmen 123

Abkürzungsverzeichnis

BIP	Bruttoinlandsprodukt
BRD	Bundesrepublik Deutschland
EFWR	Economic Freedom of the World Report
EU	Europäische Union
GATS	General Agreement on Trade in Services
GATT	General Agreement on Tariffs and Trade
IHK	Industrie- und Handelskammer
JSLC	Joint Stock Limited Company
KPCh	Kommunistische Partei China
KMU	Kleine und mittelgroße Unternehmen
LLC	Limited Liability Company
LPG	Landwirtschaftliche Produktionsgesellschaft
MOFCOM	Ministry of Commerce of the P.R. China
NBSC	National Bureau of Statistics of China
RMB	Renminbi (chinesische Währung: 1 RMB = 0,092 EUR / Stichdatum 19.07.2008)
SAIC	State Administration for Industry and Commerce
SAT	State Administration of Taxation
SME	Small and medium sized enterprises
SMEDA	Small & Medium Enterprise Development Authority
SMEO	China Small and Medium Enterprise Competence Organization
TRIPS	Agreement on Trade-Related Aspects of Intellectual Property Rights
USA	United States of America
VR	Volksrepublik
WTO	World Trade Organisation
Y	Yen (japanische Währung: 1 Y = 0,0059 EUR / Stichdatum 19.07.2008)

Vorwort

Der erste Kontakt mit der VR China entstand während meiner Tätigkeit bei einer chinesischen Unternehmensberatung in Shanghai. Während dieser Zeit durfte ich den Facettenreichtum eines faszinierenden Landes mit nahezu unbegrenzten wirtschaftlichen Entwicklungsmöglichkeiten näher kennen lernen. Mit jedem Tag, den ich in Shanghai, aber auch auf Reisen durch das ganze Land verbracht habe, lernte ich Kultur, Wirtschaft, Sprache und Gesellschaft der VR China besser kennen. Aber anders als vielleicht erwartet, gab es dadurch nicht weniger offene Fragen, im Gegenteil, die Zahl der offenen Fragen stieg kontinuierlich an. Glaubt man auf eine Frage eine Antwort gefunden zu haben ist die die Wahrscheinlichkeit hoch, dass diese durch die nächste Erfahrung widerlegt wird. So begegneten mir Chinesen, sofern über die Arbeit oder über gemeinsame Freunde eine Verbindung bestand, äußerst freundlich und hilfsbereit, wohingegen Fremde auf der Straße rücksichtsloses Verhalten zeigten. Diese Gegensätzlichkeit, die sich in der VR China durch alle Bereiche des individuellen täglichen Lebens, durch die Regionen, aber auch durch die im Gesamten betrachtete Wirtschaft und Gesellschaft zieht, wird in der Einleitung näher thematisiert. Sie verbietet es, die VR China zu generalisieren, ein Vorgehen, das häufig in der Literatur vorzufinden ist. Im Gegenteil, alle Aussagen und Erkenntnisse sollten äußerst vorsichtig betrachtet werden, da sie in der Regel nicht auf die gesamte VR China übertragen werden können. So gibt es in den reichen Küstenstädten inzwischen eine Vielzahl an gut verdienenden Chinesen. Diesen stehen etwa 800 Mio. Bauern entgegen, die über weniger als einen Euro am Tag verfügen. Für die Entwicklung der Thematik dieses Buchs sind hauptsächlich drei Gedankengänge verantwortlich, die mich nach meiner Rückkehr immer wieder beschäftigt haben.

Die erste Frage, die sich mir immer wieder stellte, bezog sich auf die Mentalität der Chinesen, wie ich sie im Alltag beobachten konnte. Dabei fielen mir vor allem die Zufriedenheit und Genügsamkeit, so wie das ausgeglichene Auftreten der Chinesen auf. So gibt es beispielsweise Straßenarbeiter, die mit größtem Verantwortungsbewusstsein anfallenden Dreck vormittags von einer Seite auf die andere Seite der Straße kehren und nachmittags wieder zurück. Man könnte erwarten, dass Verdruss, Langeweile oder Unzufriedenheit zu beobachten sind, aber nichts von dem konnte ich während meiner Beobachtungen erkennen.

Ein weiterer, mir lange unverständlicher Punkt, war das politische System der VR China, vor allem aber der Umgang mit diesem System. Aus westlicher Sicht sind die scheinbar vorherrschende Willkür der Behörden, das Propagandafernsehen und die offensichtliche Zensur der Zeitungen schwer nachvollziehbar. So kam immer wieder die Frage auf, warum dieser Zustand in der Bevölkerung keine Unzufriedenheit hervorruft und wie man mit dieser, aus meiner damaligen Sicht, starken Form der Unterdrückung leben kann. Erst heute, nach dem ich mich intensiv mit der positiven Entwicklungsarbeit der KPCh auseinandergesetzt habe, die Details der chinesischen Vergangenheit kenne und die philosophischen Hintergründe, zumindest in ihren Ansätzen, verstehe, wird mir klar wie wertvoll, schützend und sinnvoll das aktuelle politische System der VR China aus chinesischer Perspektive betrachtet ist.

Der dritte und aus volkswirtschaftlicher Sicht wesentlichste Gedankengang, bezog sich auf die unglaublich schnelle wirtschaftliche Entwicklung, die vor allem in den reichen Küstenstädten zu beobachten war. Jede Woche eröffneten neue Restaurants, wurden neue Gebäude fertig gestellt und gab es Veränderungen in den Straßenzügen. Auch die Unternehmen verschiedenster Mandanten der Unternehmensberatung, in der ich beschäftigt war, blühten auf und knüpften neue Kontakte - manchmal, wie es schien, sogar ohne eigenes aktives Handeln. Da die organisatorischen Vorgehensweisen und die Produktionstechniken nicht mit den mir an der Universität vermittelten theoretischen Ansätzen überein stimmten und es scheinbar eine Vielzahl an ungenutzten Optimierungsmöglichkeiten gab, war es für mich interessant zu verstehen, auf welchen Faktoren die wirtschaftliche Entwicklung der VR China aufbaut. Vor allem aber in wie weit sie mit den beobachteten gesellschaftlichen Merkmalen und deren Entwicklung oder auch den politischen Vorgaben und Maßnahmen zusammenhängt. In diesem volkswirtschaftlichen Kontext tauchten erstmals mittelständische Unternehmen, als Träger wirtschaftlicher Entwicklung auf.

Viele westliche Länder verdanken ihren wirtschaftlichen Aufbau und einen Großteil heutiger Wertschöpfung maßgeblich den mittelständischen Unternehmen, die in der Regel nach ihrer Anzahl weit mehr als 90% aller Unternehmen ausmachen. Viele technische Innovationen, und damit einhergehend, viele erfolgreiche Patentanmeldungen gehen von mittelständischen Unternehmen aus. Hier werden aber nicht nur neue Entwicklungen umgesetzt und so nachhaltiges Wachstum generiert, sondern auch harte Arbeit und lange Arbeitszeiten geleistet, um den individuellen wirtschaftlichen Erfolg, und somit auch den gesamtwirtschaftlichen Erfolg, zu sichern. In der Fachwelt wird der Mittelstand immer wieder als wichtiges Rückgrat einer Volkswirtschaft und ihrer Gesellschaft bezeichnet. Es stellt sich somit die Frage, ob der schnelle wirtschaftliche Aufbau der VR China mit der Entwicklung eines chinesischen Mittelstandes zusammenhängt und ob dieser Mittelstand mit dem westlicher Prägung verglichen werden kann. In diesem Zusammenhang ist ebenfalls zu klären, welchen Einfluss philosophische Werte und politische Rahmenbedingungen auf die Entwicklung mittelständischer Unternehmen haben.

Diese Fragestellungen bilden die Grundlage der folgenden Untersuchung. Dabei soll der Schwerpunkt auf der Analyse der Verbindung zwischen volkswirtschaftlichen Überlegungen und ethischen und philosophischen Denkansätzen liegen. Eine Abhängigkeit, die angesichts der starken Ausprägung informeller Regeln innerhalb der chinesischen Gesellschaft bei der Untersuchung von Bedeutung und Entwicklung mittelständischer Unternehmen in der VR China nicht außer Acht gelassen werden darf.

1 Einleitung

1.1 Ausgangssituation der Betrachtungen

Die VR China, chinesisch genannt ‚Zhonghua Renmin Gongheguo', ist mit über 1,3 Mrd. Einwohnern das bevölkerungsreichste Land der Erde. Nach Russland, Kanada und den USA ist China, als flächengrößter Staat Ostasiens, der viert größte Staat weltweit. Dabei unterscheiden sich die klimatischen Verhältnisse und somit auch die Bewohnbarkeit einzelner Regionen des Landes sehr stark. Bedingt hierdurch variiert die Bevölkerungsdichte von 2 Einwohnern/km² in Tibet bis zu über 40000 Einwohnern/km² in den großen Küstenstädten. Diese breite Spanne spiegelt sich auch in der wirtschaftlichen Entwicklung nieder, sodass es nicht nur große Unterschiede zwischen arm und reich gibt, sondern vor allem eine große regionale Differenzierung. Diese wird auch im Verlauf des Buchs immer wieder Thema sein.

Wie bereits erwähnt, machen es starke Gegensätze schwer, einheitliche Aussagen über ökonomische und kulturelle Gegebenheiten zu treffen. So existieren innerhalb des weit entwickelten Küstenstreifens deutlich mehr erfolgreiche Unternehmen, als in den von Selbstversorgern geprägten Regionen des Hinterlandes. Gegensätze gibt es aber nicht nur bezüglich der Ökonomie sondern auch in Sprache, Kultur und Lebensweise. So ist es keine Seltenheit, dass es im Geschäftsleben zu Verständigungsproblemen zwischen Chinesen kommt.

Für die folgende Untersuchung ist festzuhalten, dass die VR China in den letzten Jahren zu einem der wichtigsten Industriezentren der Welt aufgestiegen ist und inzwischen nicht mehr nur als Werkstätte, sondern zunehmend als erfolgreiches Entwicklungszentrum angesehen werden muss. Kaum ein westlicher Unternehmer hat nicht wenigstens darüber nachgedacht, seine Produkte in China anzubieten oder zu produzieren. Immer mehr, auch mittelständische Unternehmen, gehen deutsch-chinesische Kooperationen ein und sehen die Entwicklung ihres Unternehmens in enger Verbindung mit dem Engagement auf dem chinesischen Markt. Dabei sehen westliche Unternehmer häufig lediglich das enorme Wirtschaftswachstum der VR China, die große Anzahl potentieller Kunden und billiger Arbeitskräfte. Weniger Beachtung schenken sie hingegen den kulturellen und philosophischen Besonderheiten der Volkswirtschaft China, die eng mit dem ökonomischen Erfolg chinesischer Unternehmer verknüpft sind. Auch die westliche Literatur tendiert dazu, ein sehr einseitiges Bild zu vermitteln, das viel eher versucht die westliche Kultur auf China zu übertragen, anstatt chinesische Kultur zu vermitteln und ihre Vorzüge für eine mögliche Anwendung in westlichen Unternehmen zu erklären.

Dabei sind die moderne Gesellschaft Chinas und somit auch das wirtschaftliche Umfeld in hohem Maße von informellen philosophischen Handlungsweisen und Vorschriften geprägt. Die Lehren des Konfuzius, aber auch der Taoismus, beeinflussen das Handeln chinesischer Unternehmer auf allen Entscheidungsebenen. Diese Prinzipien zu ignorieren kann also weder zum Verständnis chinesischer Entwicklung, noch zur erfolgreichen Zusammenarbeit mit chinesischen Unternehmen beitragen. Vielmehr könnte es in Zukunft vermehrt zu großen Schwierigkeiten, sowohl auf dem chinesischen Markt, aber auch auf dem jeweiligen Heimatmarkt, kommen. Westliche Unternehmer sollten beginnen, die ethischen Handlungswege der Chinesen als Kernkompetenzen anzuerkennen und lernen diese auch selbst als Vorteil, sei es im Wettbewerb oder in einer Partnerschaft, zu nutzen. Diese zukunftsorientierte Vorgehensweise kann bisher nur selten beobachtet werden.

Im Gegensatz hierzu versuchen viele chinesische Unternehmer aus westlichen Systemen zu lernen und erfolgreiche Konzepte anzupassen und zu übertragen. So hat sich in den letzten Jahren eine wissbegierige, offene, gut ausgebildete Gesellschaft entwickelt, deren Streben nach wirtschaftlichem Erfolg sehr ausgeprägt ist. Auch an dieser Stelle sollte nochmals darauf hingewiesen werden, dass es große Gegensätze innerhalb des Landes gibt und Regionen existieren, die bisher kaum moderne Denk- und Lebensweisen kennen gelernt haben.

Die Ausgangssituation aller folgenden Untersuchungen stellt eine aufstrebende Republik dar, die zunehmend an ökonomischer Bedeutung gewinnen wird. Zahlreiche Reformen wurden bereits umgesetzt, ebenso viele werden auf dem Weg Chinas zu einer neuen Weltmacht noch folgen. Die chinesische Gesellschaft bringt in diesen Umbruch größtes Engagement ein und sucht zwischen Tradition und Moderne einen Weg der individuellen Verwirklichung.

1.2 Zielsetzung der Studie

Das Ziel dieser Studie ist die Darstellung der Bedeutung mittelständischer Unternehmen für die wirtschaftliche Entwicklung der VR China. Hierbei soll besonders die Sichtweise chinesischer Unternehmer beleuchtet werden.

Im Gegensatz zu vielen anderen Studien des Mittelstandes der VR China betrachtet diese Studie nicht jene Unternehmen, die zwar in China tätig sind, ursprünglich aber aus anderen Ländern stammen, sondern richtet den Fokus auf mittelständische Unternehmen, die von chinesischen Bürgen gegründet und aufgebaut wurden. Diese Betrachtungsweise findet sich in der Literatur sehr selten, da für westliche Unternehmen und somit für den hiesigen Markt bisher die Untersuchung möglicher Kooperationsansätze mit chinesischen Unternehmern deutlich interessanter schien. Unter Berücksichtigung der Tatsache, dass mittelständische Unternehmen der VR China in Zukunft vermehrt als selbstbewusste Konkurrenten auf internationalen Märkten auftreten werden, ist eine Analyse ihrer Entwicklung und ihrer Bedeutung auf dem chinesischen Markt von großer Bedeutung.

Im Verlauf dieser Studie soll sowohl der historische, als auch der ethische Hintergrund der privatwirtschaftlichen Entwicklung dargestellt werden. Auf Grund der Jahrzehnte langen Abschottung Chinas während des 20. Jahrhunderts, ist diese Entwicklung sehr jung und in vielen Punkten noch lange nicht abgeschlossen. Eine Analyse bisheriger Reformen muss deshalb auch immer einen Ausblick auf zukünftige Reformen einschließen. Dabei spielen mittelständische Unternehmen bereits heute eine große Rolle innerhalb des wirtschaftlichen Aufschwungs und des Transformationsprozesses. Neben der Erläuterung einzelner Entwicklungsstufen soll daher vor allem untersucht werden in wie weit die Entwicklung mittelständischer Unternehmen in der VR China mit der gesellschaftlichen und politischen Entwicklung korreliert.

Einen weiteren zentralen Punkt dieser Studie stellt die Betrachtung des heutigen unternehmerischen Umfeldes mittelständischer Unternehmen der VR China dar. Nur mit der Kenntnis entsprechender Rahmenbedingungen lassen sich Aussagen über aktuelle Probleme, aber auch über zukünftige Chancen der betrachteten Unternehmen treffen. Bei der Analyse der Entwicklungsmöglichkeiten werden sowohl innenpolitische Veränderungen, wie zum Beispiel geplante Gesetzesänderungen, als auch externe Faktoren, wie zum Beispiel sich verändernde internationale Verflechtungen, berücksichtigt. Dabei liegt der Schwerpunkt auf der Untersuchung in wie fern sich chinesische Unternehmer auf dem deutschen Markt wirtschaftlich erfolgreich etablieren können. Dieses Thema ist auch für deutsche Unternehmen von großer Bedeutung, da die Untersuchung insbesondere kulturelle Unterschiede und Ansätze zur Überwindung dieser Differenzen aufzeigt.

Das vorliegende Buch vermittelt dem Leser umfassende Kenntnisse über die Situation mittelständischer Unternehmen in der VR China und deren Bedeutung für den chinesischen, sowie den internationalen Markt. Eingebettet sind alle Ergebnisse dieser Betrachtung in den gesamtvolkswirtschaftlichen Kontext und die ethisch philosophischen Grundlagen der VR China. Auf diese Weise wird nicht ausschließlich eine wirtschaftliche Analyse durchgeführt, sondern eine sozialwissenschaftliche Gesamtbetrachtung mit ökonomischem Fokus. Ziel ist es, auf diese Weise, ein generelles Verständnis für die formellen und informellen Einflussfaktoren auf die ökonomische Entwicklung darzustellen. Angesprochen werden durch diese Darstellung chinesische und westliche Unternehmer, sowie wirtschaftlich oder kulturell an China Interessierte.

1.3 Struktureller Aufbau der Studie

Jedes der Kapitel dieses Buchs befasst sich mit der Gesamtbetrachtung eines Teilaspektes der Bedeutung und Entwicklung mittelständischer Unternehmen in der VR China. Aufeinander aufbauend greifen die Kapitel auf zuvor diskutierte Sachverhalte zurück und verweisen bei Bedarf entsprechende Abschnitte.

Das, der Einleitung folgende, zweite Kapitel beschäftigt sich mit der Entwicklung der modernen VR China hin zu ihrer heutigen Staats- und Wirtschaftsform. Dabei wird die wirtschaftliche und gesellschaftliche Entwicklung in einen historischen Gesamtzusammenhang gebracht, um spätere Betrachtungen der heutigen VR China nachvollziehen zu können. Eine besondere Bedeutung kommt hier der ökonomischen und sozialen Lage Chinas nach der Herrschaft Mao Zedongs zu, da sie die heutige Mentalität und somit auch die aktuelle Entwicklung mittelständischer Unternehmen maßgeblich beeinflusst. Ebenso relevant für einen Gesamtüberblick historisch wesentlicher Begebenheiten sind der Aufbau erster marktwirtschaftlicher Strukturen in der VR China und die philosophischen Wurzeln chinesischer Werte. Hierbei beschränkt sich die Darstellung auf für das weitere Verständnis relevante Ereignisse und Faktoren. Wesentliche Ereignisse der jüngeren Geschichte Chinas, wie zum Beispiel das Massaker auf dem Platz des himmlischen Friedens im Jahr 1989, finden in dieser Studie keine Berücksichtigung, da sie die Entwicklung mittelständischer Unternehmen und deren Bedeutung für die wirtschaftliche Entwicklung der VR China nicht unmittelbar beeinflussen.

Wurde im vorangehenden Kapitel vor allem die Gesamtentwicklung einer Privatwirtschaft als Teil marktwirtschaftlicher Strukturen beleuchtet, befinden sich in Kapitel 3 ausschließlich mittelständische Unternehmen im Fokus der Betrachtungen. Zu Beginn des Kapitels wird, in Anlehnung an die vorher beschriebene historische Entwicklung der VR China, auf die Entfaltung, sowie die Hintergründe der Mittelstandsentwicklung eingegangen. Dabei werden auch die veränderten Möglichkeiten einer Unternehmensgründung erläutert und genau definiert, welche Unternehmen innerhalb der VR China als mittelständisch angesehen werden. Abschließend wird die aktuelle Bedeutung chinesischer mittelständischer Unternehmen für die Ökonomie, die Politik und die Gesellschaft der VR China dargestellt. Dabei wird der nicht zu vernachlässigende Einfluss philosophischer Denkweisen stets mit berücksichtigt.

Um den Verlauf einer Entwicklung zu verstehen und Aussagen über mögliche zukünftige Ereignisse zu treffen, ist es wichtig die Rahmenbedingungen zu kennen und zu verstehen. Kapitel 4 widmet sich daher formellen und informellen Faktoren, die eine Weiterentwicklung mittelständischer Unternehmen beeinflussen könnten. Zunächst werden alle, für Unternehmer relevanten, Gesetze vorgestellt und ihr Einfluss auf Unternehmer diskutiert. In der Folge stellt das Kapitel zur Verfügung stehende Finanzierungsmöglichkeiten und deren Problematiken vor, da ohne die nötigen finanziellen Mittel zum Auf- oder Ausbau kaum ein mittelständisches Unternehmen auf Dauer überleben kann. Neben diesen formellen Kriterien sind es vor allem auch informelle Bedingungen, wie ethische Grundsätze oder philosophische Leitlinien, die das Handeln chinesischer Unternehmer bestimmen. Ihr Einfluss auf Unternehmensstruktur und Unternehmensführung wird ebenfalls in diesem Kapitel betrachtet.

Als abschließender theoretischer Beitrag analysiert Kapitel 5, zurückgreifend auf alle vorher dargestellten Fakten, die aktuellen Probleme, sowie die zukünftigen Veränderungen der Mittelstandsentwicklung in der VR China. Es werden sowohl bei den hemmenden, als auch bei den fördernden Faktoren gleichermaßen interne als auch externe

Einflussfaktoren betrachtet. So lassen sich die Bedeutung und die Entwicklung mittelständischer Unternehmen in der VR China in einen gesamtwirtschaftlichen Zusammenhang bringen, teilweise sogar in globale Strukturen einordnen. Auch hier wird eine zukunftsorientierte Entwicklungsprognose erstellt, die vor allem für den deutschen Markt im Detail analysiert wird. Ein Schwerpunkt kommt, neben den ökonomischen Gesichtspunkten wieder den kulturellen Einflussfaktoren zu, die durch ihre Unterschiedlichkeit zu westlichen Werten, je nach Umgang und Verständnis westlicher Unternehmer, Problemherd, aber auch Chance sein können.

Zum Ende des Hauptteils bietet Kapitel 6 einen praktischen Blick auf heute am Markt vertretene mittelständische Unternehmen. Dazu wurden im Rahmen einer Studie zahlreiche chinesische mittelständische Unternehmen zu den Themen Unternehmensorganisation, Unternehmensentwicklung und internationales Engagement befragt. Die Ergebnisse belegen einige der theoretisch dargestellten Erkenntnisse, liefern aber zusätzlich individuelle Einschätzungen chinesischer Unternehmer bezüglich der Gesamtsituation und der Entwicklungsmöglichkeiten des Mittelstandes in der VR China.

Den Schluss des Buchs bildet ein Fazit, das gewonnene Erkenntnisse zusammenfasst und miteinander in Verbindung bringt. Dabei sollen der aktuelle Stand der Entwicklung, sowie die zukünftig zu erwartenden Veränderungen mittelständischer Unternehmen beurteilt werden.

2 Die Entwicklung der modernen VR China

2.1 Die Herrschaft Mao Zedongs und der anschließende Staatsaufbau

Um aktuelle wirtschaftliche, soziale und politische Zusammenhänge einer Volkswirtschaft, insbesondere einer Volkswirtschaft mit, einem aus westlicher Sicht, völlig fremden kulturellen Hintergrund, zu verstehen, ist es wichtig, die historischen Ereignisse und Zusammenhänge zu kennen, auf denen diese aufgebaut ist. Die Entwicklung der VR China, sowie die Denkweise einer ganzen, heute am chinesischen Markt agierenden Generation, wurden maßgeblich durch die Herrschaft Mao Zedongs geprägt. In dieser Studie wird die so genannte Ära Mao daher als Ausgangspunkt der Entwicklung einer modernen VR China angesehen. Dieser Abschnitt liefert zunächst einen Überblick über damalige Vorkommnisse und stellt im Anschluss die unmittelbar folgenden wirtschaftlichen und politischen Reformen dar. Dabei wird versucht die Ereignisse möglichst neutral zu präsentieren und auf eine, in der westlichen Literatur häufig anzutreffende, Meinungsbildung bezüglich der politischen Entscheidungen Mao Zedongs, deren Folgen unabstreitbar grausam und menschenverachtend waren, zu verzichten. Stattdessen sollen vor allem die wirtschaftlichen Folgen und Grundlagen für die weitere Entwicklung der VR China herausgearbeitet werden.

2.1.1 Wirtschaftlicher und politischer Überblick der Ära Mao

Die Herrschaft von Mao Zedong begann im Jahr 1949 mit der Machtübernahme der Kommunisten. Zu diesem Zeitpunkt war China auf Grund der Folgen des zweiten Weltkrieges sowohl sozial, als auch wirtschaftlich zerrüttet, sodass an die neu gebildete Regierung um Mao Zedong hohe Ansprüche gestellt wurden.

Mao Zedong wollte die VR China in einen sozialistischen Staat umwandeln[1] und die „alte chinesische Herrscheraufgabe, die Sorge für das Wohlergehen der Untertanen"[2] in den Mittelpunkt der Politik der KPCh stellen. Im Gegensatz zu einigen seiner Parteikollegen war Mao Zedong dagegen, den sowjetischen Sozialismus ohne Veränderungen

---
[1] Vgl. Wegmann (1996), S. 39 f.
[2] Reisach/Tauber/Yuan (2006), S. 27

auf China zu übertragen und wurde so schnell zu einer Art Revolutionsführer, der unabhängig von seiner Partei an der Spitze der VR China stand.[1] Unterstützt wurde er bei seinen beiden umfangreichen Revolutionsvorhaben, dem großen Sprung und der Kulturrevolution, von der so genannten Viererbande, in der auch seine Frau eine tragende Rolle spielte.

Zu Beginn seiner Amtszeit verfolgte Mao Zedong eine relativierende und lockere Wirtschaftspolitik, die vorsah den Bauern durch Rückgabe ihres Landes ein eigenständiges Dasein und somit mehr Wohlstand zu ermöglichen. Diese Entscheidung brachte Mao Zedong, bedingt durch den sich anhebenden Lebensstandard[2], die Unterstützung des Volkes ein, reichte aber nicht aus, um die Grundversorgung an Nahrungsmitteln langfristig zu decken.[3] Aus diesem Grund wurde nach Abschluss der Bodenreform im Jahr 1953, unter der Bezeichnung Großer Sprung, die Bildung von LPGs beschlossen und durch die Abschaffung von Preis- und Marktmechanismen sowie durch Einschränkung unternehmerischer Freiheiten durchgesetzt.[4] Bereits ab dem Jahr 1958 waren alle Bauernhaushalte in Kommunen, bestehend aus mehreren LPGs, zusammengefasst, innerhalb derer es kein Privateigentum und keine Möglichkeit der Selbstbestimmung mehr gab.[5] Parallel zu dieser Entwicklung, deren Folge, ganz anders als beabsichtigt, ein durch Motivations- und Produktionsdefizite hervorgerufener Mangel an Grundnahrungsmitteln war, wollte die Regierung die Stahlproduktion der VR China international konkurrenzfähig machen. Allerdings war die Umsetzung auch bei diesem Vorhaben nicht nachhaltig geplant, sodass bald schon bis zu 90 Millionen Bauern einen aus Haushaltsgeräten eingeschmolzenen, und damit unbrauchbaren, Stahl produzierten. Gleichzeitig wurden Bildungs- und Verwaltungsaufgaben vernachlässigt, was zu einem völligen Zusammenbruch der Wirtschaft der VR China im Jahr 1961 führte.[6]

Eine weitere Revolution, deren Folgen die Entwicklung der modernen VR China prägen und erklären, ist die im Anschluss an den Großen Sprung beginnende Kulturrevolution. In seiner Machtposition geschwächt, wollte Mao, nach den erfolglosen wirtschaftlichen Veränderungen, wenigstens das gesellschaftliche Bild der VR China durch seine Vorstellungen prägen. Ausgeschriebenes Ziel Maos war die Beseitigung der alten Kultur,

---

[1] Vgl. Hartmann (2006), S. 42
[2] Vgl. Wegmann (1996), S. 52
[3] Vgl. Joffe (2003), S. 117
[4] Vgl. Reisach/Tauber/Yuan (2006), S. 27
[5] Vgl. Geffken (2005), S. 30
[6] Vgl. Hartmann (2006), S. 46

der alten Ideologie, der alten Sitten und der alten Bräuche, auch bekannt als die vier Alten.[1] Durch ständige Erziehungsmaßnahmen und Überwachung der Bevölkerung verfolgte Mao eine radikale Umwandlung der Gesellschaft, die Aufhebung der Trennung von Hand- und Kopfarbeit, sowie die Auflösung sozialer Klassen.[2] Durch Unterdrückung und Gewalt wurde in den Folgejahren nicht nur die Jahrhunderte alte Tradition des Unternehmertums komplett beendet, sondern auch die Infrastruktur und ein Großteil des Binnenhandels lahm gelegt. Ende der sechziger Jahre herrschten in weiten Teilen der VR Chinas bürgerkriegsähnliche Zustände, in denen die rote Garde Maos mit der stärker werdenden Anti-Mao Fraktion kämpfte. Obwohl bereits auf einem Parteitag im März 1969 die Maßnahmen der Kulturrevolution offiziell als beendet erklärt wurden, gab es bis zum Tod Mao Zedongs 1976 immer wieder Auseinandersetzungen.[3]

Für die weitere wirtschaftliche und soziale Entwicklung der VR China kann die Zeit nach dem Großen Sprung und der Kulturrevolution als Nullpunkt betrachtet werden. Es gab kaum funktionierende Strukturen, keine Privatwirtschaft und nur eine mangelhafte Versorgung an Konsumgütern. Dass die chinesische Wirtschaft inzwischen zu einem Großteil von mittelständischen Unternehmen getragen wird ist dem im Folgenden beschriebenen Beginn der modernen Entwicklung der VR China zu verdanken.

2.1.2 Modernisierungs- und Öffnungspolitik nach Mao Zedong

Die zentrale Rolle im Reformationsprozess nach dem Tod Mao Zedongs spielt Deng Xiaoping, der sich im parteiinternen Machtkampf der KPCh Ende der siebziger Jahre als neuer Wortführer durchsetzte.[4] Deng Xiaoping hatte im Ausland studiert und brachte seine Lebenserfahrung, sowie seine bescheidene aber bestimmte Art in die Politik der kommenden Jahre ein.[5] Er verfügte bereits über umfangreiche politische Erfahrung und durfte im Jahr 1977, nachdem er unter Mao von allen früheren Ämtern enthoben worden war, an die Parteispitze zurückkehren[6]. Als Mitglied des Politbüros, stellvertretender Ministerpräsident und Vorsitzender des zentralen Militärkomitees[7] leitete er

---

[1] Vgl. Wegmann (1996), S. 50
[2] Vgl. Joffe (2003), S. 120
[3] Vgl. Wegmann (1996), S. 52 f.
[4] Vgl. Hyckyung (2005), S. 34
[5] Vgl. Joffe (2003), S. 18
[6] Vgl. Joffe (2003), S. 17
[7] Vgl. Hartmann (2006), S. 53

daraufhin nicht nur die Absetzung reformfeindlicher Kräfte, sondern auch die kommenden weit reichenden Reformen selbst ein.[1]

Deng Xiaopings Modernisierungspolitik hatte das Ziel marktwirtschaftliche Elemente in die Planwirtschaft zu integrieren ohne die Machtposition der KPCh zu schwächen[2]. Orientiert am Konzept der Vogelkäfigwirtschaft des Wirtschaftsplaners Chen Yun, das vorsieht den Akteuren der Volkswirtschaft, innerhalb strikter planwirtschaftlicher Vorgaben, eigene marktwirtschaftlich orientierte Handlungsspielräume zu gewähren, begann Deng Xiaoping die Transformation der VR China.[3] Auf der dritten Plenartagung des XI. Zentralkomitees der KPCh im Dezember 1978 wurden, von ihm initiiert, als erster Beschluss die vier Modernisierungen, bezogen auf die Bereiche Ökonomie, Technik, Wissenschaft und Landesverteidigung, ausgerufen. Dieser Beschluss verkündete ganz offiziell das Ende des Klassenkampfes, machte die ökonomische Entwicklung der VR China zum neuen Mittelpunkt der Parteiarbeit[4] und stellte das Ende der außenwirtschaftlichen und außenpolitischen Abschottung dar[5].

Angesichts der von jeher als Problem bekannten Gefahr der Nahrungsmittelknappheit, stand zu Beginn der Reformen besonders die Entwicklung der Landwirtschaft im Fokus.[6] Im Jahr 1978, zu Beginn der landwirtschaftlichen Reformen, lebten rund 80% der Chinesen auf dem Land, 31% dieser Bevölkerungsgruppe war nicht ausreichend mit Grundnahrungsmitteln und Kleidung versorgt.[7] Um diesen Mängeln entgegen zu wirken wurde das Land nach dem Prinzip ‚An lao fen pei' (‚Jedem nach seiner Leistung'), entsprechend der Familiengrößen, neu verteilt und die Bauern erhielten die Erlaubnis langfristig Land zu pachten.[8] In Zukunft konnte jede Familie selbst entscheiden welche Produkte sie neben den vorgegebenen Hauptprodukten, die zur Sicherung des Bedarfs an Grundnahrungsmittel vorgegeben waren, produzieren möchte.[9] Überschüssige Produktion, die nach Abzug einer an den Saat abzuführenden Quote übrig blieb, durfte, nach Belieben der Bauern, ebenfalls an den Staat verkauft oder auf dem Markt frei abgesetzt

---

[1] Vgl. Geffken (2005), S. 31
[2] Vgl. Holtbrügge/Puck (2005), S. 7
[3] Vgl. Hyekyung (2005), S. 34
[4] Vgl. Hyekyung (2005), S. 30
[5] Vgl. Kasper/Woywode/Kalmbach (2006), S. 7
[6] Vgl. Böhn/Bosch/Haas/Kühlmann/Schmidt (2003), S. 17
[7] Vgl. Joffe (2003), S. 20
[8] Vgl. Hartmann (2006), S. 54
[9] Vgl. Böhn/Bosch/Haas/Kühlmann/Schmidt (2003), S. 19

werden.¹ Auf diese Weise wurde ein System freier Marktwirtschaft für Bauern eingeführt, indem jeder Bauer über das von ihm gepachtete Land frei verfügen kann und lediglich eine bestimmte Menge an Naturalien als Pachtgebühr an den Staat abgeben muss.²

Diese Reformen von Deng Xiaoping waren ein großer Erfolg, sowohl für die Bevölkerung selbst, als auch zur Rechtfertigung weiterer Reformen vor der KPCh. Es kam daher zu Folgebeschlüssen im landwirtschaftlichen Sektor, wie zum Beispiel dem Umstieg von der Natural- zur Geldsteuer, der kompletten Freigabe bestimmter Preise und der Übertragung von Verwaltungsaufgaben an die Gemeinden.³

Die Reformierung des industriellen Sektors stellte ein deutlich schwierigeres Problem als die Umstrukturierung der landwirtschaftlichen Betriebe dar. Bisher wurden mehr als 55% an staatlichen Investitionen im Bereich der Schwerindustrie getätigt und lediglich etwa 5% im Bereich der Leichtgüter- bzw. Konsumgüterindustrie. So stand die VR China im Jahr 1980 zwar an den vorderen Plätzen im internationalen Vergleich der Sektoren Kohle, Primärenergie und Zement, konnte ihren Bürgern aber in keiner Weise einen adäquaten Lebensstandard bieten.⁴ Da eine grundlegende Umstrukturierung oder Auflösung der großen staatlichen Schwerindustrie im Nordosten des Landes schwere politische und gesellschaftliche Folgen gehabt hätte, konzentrierte man sich zunächst auf die im Süden angesiedelte, schwach ausgeprägte Leichtindustrie.⁵ Im Mittelpunkt standen dabei die Trennung von Staat und Betrieb und die Einführung von unternehmerischen Freiräumen.⁶ So wurden, nach den Landwirten, auch die Betriebe dazu angehalten, durch Eigeninitiative ihr Ergebnis zu steigern.

Neben den internen Veränderungen der wirtschaftlichen Rahmenbedingungen, wurden im Jahr 1982 Sonderwirtschaftszonen für ausländische Investoren geöffnet. Ab 1984 waren innerhalb dieser Sonderwirtschaftszonen erstmals auch Jointventures zwischen chinesischen und ausländischen Unternehmen erlaubt⁷ Diese Parteivorgaben lenkten bereits damals den, bis heute anhaltenden, Trend ein, bestimmte Regionen und Sektoren

---

[1] Vgl. Hartmann (2006), S. 54
[2] Vgl. Chow (1994), S. 10
[3] Vgl. Böhn/Bosch/Haas/Kühlmann/Schmidt (2003), S. 20
[4] Vgl. Klenner (1981), S. 18
[5] Vgl. Hyekyung (2005), S. 35
[6] Vgl. Hyekyung (2005), S. 37
[7] Vgl. Hartmann (2006), S. 54

wirtschaftlich zu bevorzugen und so eine schrittweise ungleichmäßige wirtschaftliche Entwicklung anzustreben. Bedingt durch die dadurch entstehende Unzufriedenheit der weniger privilegierten Arbeiter in den Staatsbetrieben außerhalb der Sonderwirtschaftszonen, denen im Jahr 1988 teilweise keine Löhne mehr gezahlt werden konnten, wurden kleine und mittlere Betriebe ab diesem Zeitpunkt fast komplett privatisiert.[1] Diese Maßnahme legte den Grundstein für die Entwicklung einer Privatwirtschaft und somit auch für einen gesunden Mittelstand in der VR China. Die großen staatlichen Betriebe, die sich vor allem im Bereich der kapitalintensiven und strategisch wichtigen Sektoren fanden, sollten wegen sozialpolitischer Gründe, sicherlich aber auch aus machtpolitischer Intention heraus, erst später in neue Eigentumsverhältnisse überführt werden.[2]

Jahr	Konsumenten-preise, Idx. (1985=100%)	Reales BSP, Idx. (1985=100%)	Reallöhne/Jahr in RMB mit Kaufkraft von 1985*, nach Eigentumsform der Unternehmen		
			Staatlich	Städt. Kollektiv	Sonstige
1985	100	100	1213	967	1436
1990	208	145	1383	1018	1808
1991	214	157	1450	1093	2030
1992	225	178	1584	1161	2183
1993	255	202	1695	1244	2383
1994	310	225	1855	1255	2437
1985/94	+210 %	+125 %	+53 %	+30 %	+70 %

* Nominallöhne deflationiert mit dem Konsumentenpreisindex
Abbildung 1: Reales Wirtschaftswachstum und Reallöhne, 1985-1994
Quelle: Bas/Wohlmuth (1996), S. 12, eigene Darstellung

Abbildung 1 zeigt das reale Wirtschaftswachstum, sowie die Reallöhne für die Zeit nach Einrichtung der ersten Sonderwirtschaftszonen und soll veranschaulichen in welchem Tempo die wirtschaftliche Entwicklung nach den Anstößen von Deng Xiaoping anlief.

---

[1] Vgl. Böhn/Hartmann/Kühlmann/Schmidt (2003), S. 21
[2] Vgl. Hyekyung (2005), S. 41

2.1.3 Erste Entwicklung des modernen Staatapparates

Auf Grund der, dem Großteil des Volkes zugute kommenden, Reformen verlor die KPCh in der Zeit nach dem Tod Mao Zedongs nicht an politischer Macht, im Gegenteil, sie konnte ihre Position als allein herrschende Partei weiter ausbauen. Heute kommt ihr, wie in der Verfassung festgelegt, eine führende Rolle zu[1] und sie ist in allen politischen, sowie vielen wirtschaftlichen Institutionen präsent[2]. Inzwischen werden private wirtschaftliche Initiativen zwar unterstützt, allerdings ausschließlich dann, wenn diese mit den von der Partei festgelegten staatlichen Zielen übereinstimmen und die Machtposition der Partei nicht gefährden.[3] Nach einem Beschluss aus dem Jahr 1982 sollte der Verwaltungsapparat an die neu geschaffene Situation dezentraler Wirtschaftsentscheidungen angepasst werden. Im Rahmen dieser Umwandlung wurden, als erster Schritt, zahlreiche Ministerien abgeschafft um so klarere Strukturen und Verantwortlichkeiten zu schaffen. Zudem wurden dezentrale und lokale Verwaltungen und Parteivertretungen eingerichtet und die Vetternwirtschaft bei der Vergabe politischer Ämter eingeschränkt. Die strategisch wichtigen Bereiche wie Verkehrspolitik, Postwesen, Energieversorgung und Währungspolitik blieben aber zentral geregelt.

Der bis heute gültige Regierungsaufbau sieht eine zentralistische Führung mit dem Staatsrat, dem alle anderen Institutionen unterstellt sind, an der Spitze vor. Im Gegensatz zu unserem Modell der Gewaltenteilung, liegen die staatlichen Aufgaben hier zwar bei verschiedenen Einrichtungen, sind aber nicht voneinander unabhängig.[4] Diese Eigenschaft des politischen Systems der VR China ist nur schwer mit den westlichen demokratischen Vorstellungen zu vereinbaren und steht daher immer wieder im Mittelpunkt systempolitischer Kritik.[5] Für einen Großteil der Bevölkerung der VR China ist die, mit dem westlichen rechtsstaatlichen Prinzip nicht zu vereinbarende, Verankerung der KPCh in der Verfassung allerdings gleichbedeutend mit Stabilität und Schutz vor ideologischen Fanatikern wie Mao.[6] Einen Überblick über das komplexe politischadministrative System der VR China bietet ein Schaubild im Anhang.

---

[1] Vgl. Geffken (2005), S. 40
[2] Vgl. Reisach/Tauber/Yuan (2006), S. 29
[3] Vgl. Holtbrügge/Puck (2005), S. 15
[4] Vgl. Reisach/Tauber/Yuan (2006), S. 29
[5] Vgl. Wegmann (1996), S. 72
[6] Vgl. Geffken (2005), S. 40

Seit Ende der achtziger Jahre lässt sich auch in China eine Tendenz von auseinander driftender wirtschaftlicher und politischer Macht, vor allem in den reichen und politisch geförderten Küstenregionen, erkennen. Diese ist hauptsächlich auf den neu gewonnenen Reichtum dieser Regionen bei etwa gleich gebliebenem Staatseinkommen, zurück zu führen und erhöht damit die Einflussnahme bei wichtigen Entscheidungen der Regierung.[1]

Aus westlicher Perspektive werden dennoch oft die geringen Einflussmöglichkeiten auf die Politik kritisiert und es herrscht häufig Unverständnis darüber, wie chinesische Bürger die offensichtliche Einschränkung der Meinungsfreiheit oder das Nichteinhalten von Menschenrechten tolerieren können. Hierfür gibt es verschiedene Erklärungsansätze. Zum einen werden diese Einschränkungen von der überwältigenden Mehrheit der Chinesen nicht als solche empfunden, da diese das chinesische Staatssystem als Schutzmechanismus vor extremen Fanatikern wie Mao Zedong ansehen. Zum anderen genießt die Mehrheit aller Bürger der VR China seit den wirtschaftlichen Reformen unter Deng Xiaoping einen höheren Lebensstandard. Außerdem werden Regimekritiker nach wie vor konsequent durch die Regierung verfolgt.

Deng Xiaoping zog sich im Jahr 1990 aus allen politischen Ämtern zurück, blieb aber weiterhin Wortführer der Richtungsbestimmung von wirtschaftlicher und politischer Entwicklung der VR China. In den Jahren 1989-1992 beschränkte sich das politische Handeln der KPCh vor allem darauf, außenpolitisch zu versöhnen und innenpolitisch keimenden Widerstand einzudämmen.[2]

2.2 Etablierung moderner marktwirtschaftlicher Strukturen

China blickt auf eine lange Tradition erfolgreichen und vielseitigen Unternehmertums zurück. Schon im alten Kaiserreich gab es ausgeprägte Handelsstrukturen und hatten sich Handelswege etabliert. Allerdings wurde auch kaum ein Volk wirtschaftlich und sozial so zu Grunde gerichtet wie das Chinas. Durch die Herrschaft Mao Zedongs fielen das privatwirtschaftliche Engagement und der Ideenreichtum der Chinesen in eine Art

---

[1] Vgl. Wegmann (1996), S. 72
[2] Vgl. Pilny (2005), S. 102

Dornröschenschlaf und wurden erst durch die Etablierung marktwirtschaftlicher Strukturen langsam wieder zum Leben erweckt. In den folgenden Abschnitten wird der Weg der VR China hin zu den heutigen Strukturen beschrieben. Dabei wird zunächst auf den Beschluss zum Aufbau einer sozialistischen Marktwirtschaft, die politische Grundlage der folgenden Entwicklungen, eingegangen. Im Anschluss skizziert der Abschnitt die jüngere Entwicklung der aufblühenden chinesischen Privatwirtschaft und charakterisiert die wirtschaftlichen und sozialen Besonderheiten der modernen VR China.

2.2.1 Politische Proklamation der sozialistischen Marktwirtschaft

Einer der bedeutsamsten Schritte in der Entwicklung der VR China auf dem Weg zu einer, nach westlichen Werten betrachtet, modernen, vor allem aber zukunftsfähigen Volkswirtschaft war die Bestätigung der sozialistischen Marktwirtschaft auf dem 14. Nationalkongress im Jahre 1992. Durch diesen Beschluss wurde der Konflikt zwischen Modernisierungsbefürwortern und deren politischen Gegnern geklärt, was dazu beitrug, dass zukünftige Entscheidungen nicht mehr auf ideologischer Basis gerechtfertigt werden mussten.

Nach dem System der sozialistischen Marktwirtschaft werden Produktionsfaktoren immer noch als kollektives Gut angesehen, deren Verwendung aber orientiert sich an marktwirtschaftlichen Prinzipien.[1] In der Ausformulierung, und somit auch in der Umsetzung, orientiert sich das neu gestaltete Prinzip vor allem an drei Grundsätzen. Als erster Grundsatz wurde die Umwandlung einer Vielzahl an Staatsbetrieben in Kapitalgesellschaften beschlossen. Dabei soll die Mehrheit des Eigentums in Staatshand bleiben und so die Grundsäule der Gesellschaft- und Wirtschaftsordnung bilden. Die an dieser Leitlinie angelehnten Beschlüsse tragen wesentlich zur Entwicklung einer heute florierenden Privatwirtschaft bei und werden im folgenden Abschnitt näher erläutert. Des Weiteren wurde festgelegt, dass das zentrale Planungs- und Koordinierungssystem abgeschafft wird. Zur Koordinierung einzelner Einheiten sollen im Gegenzug sowohl Güter-, als auch Kapitalmärkte ausgebaut werden. Die wohl größten Unterschiede der angestrebten sozialistischen Marktwirtschaft im Vergleich zur demokratischen Marktwirtschaft finden sich im dritten Grundsatz der neuen Ordnung. Dieser besagt, dass die totalitäre Autorität der KPCh unantastbar bleibt und jeder Verstoß gegen diese

---

[1] Vgl. Hotlbrügge/Puck (2005), S. 7 f.

Bestimmung als verfassungswidrig gilt.[1] In der Literatur fällt bei der Betrachtung dieser politischen Leitlinien immer wieder der Begriff der dualen Wirtschaftsordnung, welche, auf der einen Seite durch einen mächtigen Zentralstaat mit sozialistischen Vorstellungen, auf der anderen Seite durch eine dezentrale Wirtschaftskoordination, geprägt ist. Die Vormachtstellung der KPCh hängt in diesem System nicht, wie in den westlichen Ländern oft propagiert, mit dem hohen Grad an gesetzlicher Härte oder der eingeschränkten Meinungsfreiheit, sondern vielmehr mit dem ökonomischen Erfolg der gesamten Volkswirtschaft und den ideologischen Gesellschaftsmerkmalen zusammen.

In der Umsetzung konzentriert sich die Modernisierungspolitik der folgenden Jahre vor allem auf zwei Schwerpunkte. Zum einen wurde der Finanzmarkt schrittweise für private Unternehmen geöffnet, zum anderen wurden, durch Einrichtung weiterer Sonderwirtschaftszonen, vermehrt ausländische Direktinvestitionen angeworben. Dabei beeinflusst die chinesische Regierung durch Gesetze und Vergünstigungen nicht nur die zu fördernden Regionen, sondern auch die gewünschten Investitionsbereiche.[2] Abbildung 2 zeigt einen Überblick über die Entwicklung des ins Land gebrachten und maßgeblich zur Entwicklung beitragenden Auslandskapitals.

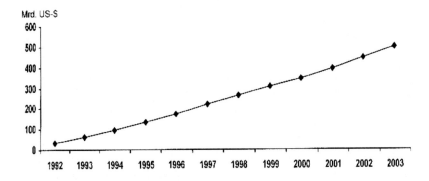

Abbildung 2: Entwicklung des Bestands realisierter Direktinvestitionen
Quelle: Holtbrügge/Puck (2005), S. 13

Den bisherigen Höhepunkt in der nun verfolgten Öffnungs- und Förderungspolitik stellt Chinas Beitritt zur WTO im Jahre 2001 dar. Durch diesen Schritt verpflichtet sich die

---

[1] Vgl. Feng (1998), S. 52
[2] Vgl. Holtbrügge/Puck (2005), S. 11

VR China langfristig den Kriterien der drei zentralen Abkommen GATT, GATS und TRIPS gerecht zu werden. Diese beinhalten Regelungen zum Abbau von Handelshemmnissen, zum Schutz geistigen Eigentums, aber auch zum Abbau von Subventionen und anderen staatlichen Eingriffen in die Volkswirtschaft. Innenpolitisch hat dieser Beitritt unter anderem positiven Einfluss auf die Gleichstellung von Wirtschaftsakteuren und Wirtschaftsräumen, die Schaffung gesetzlicher Zuverlässigkeit und die Finanzierung von Konsumgütern durch ausländische Kredite.[1]

Die von Deng Xiaoping eingeleiteten Reformen werden inzwischen von Hu Jintao als Generalsekretär der KPCh, Präsident der VR China und Vorsitzenden des militärischen Komitees fortgeführt. Hu Jintao handelt ökonomisch deutlich konservativer als seine Vorgänger, was aus chinesischer Sicht durchaus positiv zu bewerten ist, da er so ein kontrolliertes, nachhaltiges und steuerbares Wachstum gewährleistet. Des Weiteren versucht Hu Jintao, zumindest seiner Aussagen nach, der ungleichen Entwicklung gegenzusteuern und sich, sicherlich auch aus Angst vor vermehrten Streiks und Unruhen, den Problemen der weniger gebildeten und ärmeren Bevölkerungsschichten, zuzuwenden.[2]

2.2.2 Entwicklung einer Privatwirtschaft in der modernen VR China

Als Ausgangspunkt für die Entwicklung einer Privatwirtschaft innerhalb der VR China kann der Zeitpunkt nach dem Tod Mao Zedongs angesehen werden. Damals waren lediglich 0,03% der Bevölkerung selbstständig tätig. Auf Grund der historischen Gegebenheiten war es für die Restbevölkerung aus Angst oder Antriebsmangel in keiner Weise erstrebenswert einer privatwirtschaftlichen Tätigkeit nachzugehen.[3] Erst mit den Reformen von Deng Xiaoping, die wie bereits erörtert in der Freistellung von Bauern aus den LPGs ihren Anfang hatten, begann das Unternehmertum in der VR China langsam wieder aufzublühen.

Die Zahl der Individualunternehmer wuchs mit der Erkenntnis, dass ein privates wirtschaftliches Engagement inzwischen politisch toleriert wird immer schneller und stieg in den ersten zehn Jahren der Reformpolitik um ein Fünfzigfaches an. Im Jahr 1990

---

[1] Vgl. Kasperk/Woywode/Kalmbach (2006), S. 15 ff.
[2] Vgl. Geffken (2005), S. 37 f.
[3] Vgl. Joffe (2003), S. 55

existierten in der VR China bereits 16 Mio. Individualunternehmer.[1] Diese unterlagen strengen staatlichen Richtlinien, die vor allem über die erlaubte Mitarbeiterzahl eine Regulierung schafften. So war es lange Zeit nicht erlaubt mehr als sieben Angestellte zu beschäftigen, von denen mindestens fünf den Status eines Lehrlings haben mussten. Diese Restriktion, in Verbindung mit der Tatsache, dass der durchschnittliche chinesische Bürger kaum Gründungskapital aufbringen konnte, leitete das Engagement der Entrepreneurs überwiegend in die Bereiche Gastronomie und Dienstleistung. Für die Bevölkerung brachte diese Entwicklung ein seit Jahren unbekanntes Angebot an Produkten und Serviceangeboten mit sich, was zu einem Erwachen innovativer und geschäftstüchtiger Fähigkeiten führte.[2]

Mit dem Ende der 80er Jahre wurde deutlich wie ineffizient die staatseigenen Betriebe wirtschaften und es gab vermehrt Probleme mit ausstehenden Lohnzahlungen und arbeitslosen Staatangestellten. Im Zuge dieser Entwicklung kristallisierte sich die gesundende Privatwirtschaft als ein immer wesentlicherer Pfeiler der Gesellschaft heraus und wurde so „...*in einer gewissen Entwicklung...*" seit 1987 offiziell zur „...*Förderung der Produktion, zur Belebung des Marktes und zur Schaffung von Arbeitsplätzen...*" unterstützt, um „...*die vielseitigen Bedürfnisse des Volkes zu befriedigen...*"[3]. In der Konsequenz änderte die KPCh im Jahre 1988 Teile der chinesischen Verfassung, die seither in folgendem Absatz die Stellung privater Unternehmen festlegt.

„*Der Staat erlaubt im Rahmen der gesetzlichen Bestimmungen die Existenz und die Entwicklung einer Privatwirtschaft. Die Privatwirtschaft ist eine Ergänzung der sozialistischen Gemeineigentumswirtschaft. Der Staat schützt die gesetzmäßigen Rechte und Interessen der Privatwirtschaft und praktiziert gegenüber der Privatwirtschaft Anleitung, Aufsicht und Regulierung*"[4]

Zusätzliche Bestimmungen definieren private Unternehmen als wirtschaftliche Organisationen, deren Eigentümer eine Gewinn erzielende Privatperson ist, die wenigstens

---

[1] Vgl. Kraus (1989), S. 64 und Schmitt (1999), S. 302 f.
[2] Vgl. Joffe (2003), S. 61 ff.
[3] Zhao (1987), S. XVII
[4] Verfassung der VR China, Artikel 11; nach Heilmann (1997), S. 272

acht Arbeitnehmer beschäftigt. Die Obergrenze von sieben Angestellten war somit aufgehoben und von staatlicher Seite stand einer Entwicklung größerer Unternehmen nichts mehr im Weg.[1]

Die Tatsache, dass sich weiterhin zunächst nur kleinere Unternehmen auf den Märkten einfinden zeigt, dass bei den Bürgern, trotz rechtlicher Sicherheit, eine gewisse Skepsis besteht. Diese begründet sich vermutlich in der Angst vor einem erneuten politischen Umschwung oder vor politisch aktiven Neidern und wird erst mit Beginn der Öffnungspolitik nach 1992 abgelegt. Wie in Abbildung 3 dargestellt, wächst die Zahl der privaten Unternehmen seit diesem Zeitpunkt stetig an.

Jahr	1990	1992	1994	1996	1999	2000	2002	2004	2006
Anzahl Privatunternehmen (Tsd.)	98	140	429	819	1500	1762	2435	3651	4981
Beschäftigte in Privatunternehmen (Mio.)	1,7	2,32	6,48	11,7	20,2	24,1	34,1	50,2	65,9
Beschäftigtendurchschnitt	17,3	16,5	14,8	14,3	13,5	13,4	14,2	13,6	13,1

Abbildung 3: Private Unternehmer und Entwicklung ihrer Beschäftigtenzahl
Quelle: Joffe (2003), S. 72/NBSC (2008), eigene Darstellung

Inzwischen gilt die Privatwirtschaft als tragendes Element der Volkswirtschaft, sodass auch der private Sektor an sich als wesentlicher Bestandteil innerhalb der sozialistischen Wirtschaft in der Verfassung Erwähnung findet. Des Weiteren gibt es inzwischen neben den staatlichen Verbänden für Privatunternehmen, deren Zweck zumeist die Kontrolle privater Unternehmer darstellt, auch unabhängige Interessenvertretungen. Eine, von Unternehmern besonders anerkannte Organisation, stellt der Bund für Industrie und Handel dar. Zwar ist auch in dieser Vertretung der Großteil an Führungskräften durch die KPCh bestimmt, dennoch erhalten die Mitglieder eine weitestgehend neutrale Beratung, Unterstützung bei der Beantragung von Krediten, sowie soziale Fürsorge.[2]

---

[1] Vgl. Joffe (2003), S. 71
[2] Vgl. Gutowski (1999), S. 17 f.

2.2.3 Besonderheiten der Volkswirtschaft China heute

Die wirtschaftliche und soziale Situation der heutigen VR China ist in erster Linie durch Gegensätze verschiedenster Art gekennzeichnet. Es kann also kein einheitliches Bild beschrieben werden, sondern lediglich zwischen unterschiedlichen Ausprägungen eines Merkmals abgewogen werden. Oftmals werden bei der Beobachtung wirtschaftlicher oder sozialer Merkmale Erkenntnis erlangt, deren Wahrheitsgehalt, auf Grund der Vielseitigkeit der VR China, wenig später in Frage gestellt werden muss.

Am auffälligsten stellt sich die regional unterschiedliche Ausprägung der Wirtschaft dar. Auf die reichen Küstenregionen entfallen mehr als 80% aller ausländischen Direktinvestitionen, so dass fast das gesamte, in Abbildung 4 dargestellte, Wirtschaftswachstum der VR China dort statt findet.[1]

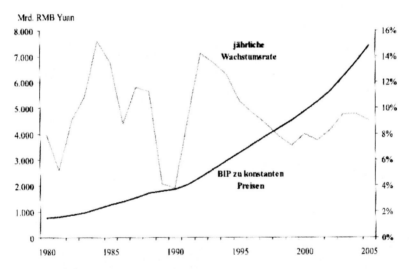

Abbildung 4: Entwicklung des Chinesischen BIP
Quelle: Kasperk/Woywode/Kalmbach (2006), S. 8

Inzwischen liegt das durchschnittliche Pro-Kopf-Einkommen in Shanghai, der führenden Region Chinas, bei etwa 5000 US-$, so dass privilegierte Bewohner der Küstenregionen ein Leben auf westlichem Niveau führen können.[2] Es gibt kaum Produkte oder

---

[1] Vgl. Holtbrügge/Puck (2005), S. 15
[2] Vgl. Kasperk/Woywode/Kalmbach (2006), S. 9

Dienstleistungen, welche in den großen Städten wie Shanghai oder Peking nicht käuflich zu erwerben wären.

Dem entgegen steht ein Bevölkerungsanteil von über 60%, der auf dem Land von einem Pro-Kopf-Einkommen von lediglich etwa 300 US-$ leben muss. Im Vergleich zu 1978, als das Pro-Kopf-Einkommen um die 31 US-$ betrug, ist inzwischen auch die Landbevölkerung besser gestellt.[1] Allerdings darf bei Betrachtung dieser Zahlen die wirtschaftliche Gesamtentwicklung, auch der Preise, und die Tatsache, dass 1978 kaum Chinesen ausreichend mit Nahrungsmitteln versorgt waren, nicht außer acht gelassen werden. Zudem herrscht in den ländlichen Gebieten, durch einen Arbeitskräfteabbau in den effizienter werdenden landwirtschaftlichen Betrieben, eine Arbeitslosenquote von bis zu 30%.[2]

Das Ausmaß der wirtschaftlichen Ungleichheiten wird bei der Gegenüberstellung des Bruttosozialproduktes der VR China mit den ausgeübten Tätigkeiten der Bevölkerung in Abbildung 5 deutlich. So erwirtschaften 49,1% der Bevölkerung mit Ausübung einer landwirtschaftlichen Tätigkeit lediglich 13,8% des gesamten Bruttosozialprodukts der VR China.

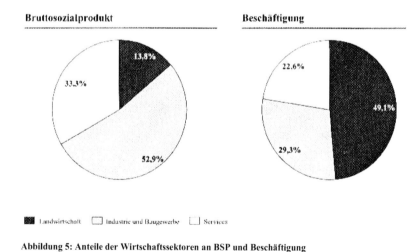

Abbildung 5: Anteile der Wirtschaftssektoren an BSP und Beschäftigung
Quelle: Kasperk/Woywode/Kalmbach (2006), S. 11

---

[1] Vgl. Holtbrügge/Puck (2005), S. 8
[2] Vgl. Kasperk/Woywode/Kalmbach (2006), S. 11

Als Folge dieser Diskrepanz zwischen den Arbeits- und Lebensbedingungen kommt es in den letzten Jahren vermehrt zu einer Abwanderung der Arbeitskräfte in die bereits überlaufenen Städte. Zur Veranschaulichung findet sich im Anhang eine Übersicht über die regionale Bevölkerungsverteilung, sowie das regional verteilte Bruttosozialprodukt. Problematisch gestaltet sich bei der Abwanderung vor allem die Tatsache, dass die meisten Bewohner der ländlichen Regionen weniger gebildet sind und somit nur für niedere Tätigkeiten, wie zum Beispiel auf dem Bau eingesetzt werden können.

Die Politik wurde bereits auf die hier beschriebenen Problematiken aufmerksam und hat diese in den, am 11. Oktober 2005 verabschiedeten, 11. Fünfjahresplan aufgenommen. Dieser Plan sieht unter anderem vor bis Ende 2010 die Kluft zwischen Arm und Reich zu verringern, die Wirtschaftsentwicklung zu stabilisieren und ein einheitliches Bildungssystem zu fördern.[1] Allerdings ist bereits jetzt absehbar, dass die Lösung der wirtschaftlichen und der damit einhergehenden sozialen Probleme innerhalb der Gesellschaft der VR China nicht mit Abschluss der nächsten Fünfjahrespläne gefunden ist. Vielmehr werden in Zukunft, zum Beispiel in den Bereichen der sozialen Sicherungssysteme oder des Gesundheitswesens, weitere Herausforderungen auf die chinesische Regierung zukommen.

2.3 Philosophie und gesellschaftliche Besonderheiten der VR China

Neben den politischen und wirtschaftlichen Gegebenheiten prägen auch historisch gewachsene Denk- und Handlungsrichtlinien die chinesische Gesellschaft. Hierbei handelt es sich weitestgehend um Ethikrichtlinien, die philosophischen Lehren aufbauen und deren Bedeutung für die wirtschaftliche und soziale Entwicklung nicht unterschätzt werden darf. Entscheidungen unterschiedlichster Lebensbereiche sind eng mit diesen Richtlinien verknüpft, sodass der folgende Abschnitt in gewisser Weise auch eine Erklärung voran beschriebener Ereignisse liefert. Als wesentlichste Einflussgröße wird der Konfuzianismus gleich zu Beginn dieses Abschnitts betrachtet, gefolgt von einer Erklärung des Taoismus, sowie einer Erläuterung der Einflüsse von Guan-xi. Im Gegensatz zu ethischen Vorgaben westlicher Länder, die meist religiös begründet sind, handelt es sich bei den chinesischen Philosophien um vorgeschlagene Handlungswege. Diese sollen dazu beitragen größtmögliche Harmonie oder auch persönliches Glück zu erlangen,

---

[1] Vgl. Faber (2006), S. 8

verlangen aber nicht den Glauben an einen Gott und können somit nur als Philosophie, nicht aber als Religion angesehen werden.

2.3.1 Der Konfuzianismus

Der Konfuzianismus ist die bedeutendste philosophische Lehre in der Geschichte Chinas und prägt noch heute, trotz immer wiederkehrender Gegenbewegungen, maßgeblich Gesellschaft, Wirtschaft und Politik. Die frühe Grundidee des Konfuzianismus war die Einhaltung der nur schwer zu erlangende Mitte. Dabei handelte es sich nicht um die Einhaltung eines angepassten Mittelmaßes, sondern um die Kunst in jeder Situation einen Ausgleich zwischen den verschiedenen ethischen Ansprüchen der Parteien zu finden.[1] Im Zentrum der konfuzianischen Ethik steht dabei die Beziehung eines Menschen zu anderen Menschen, die ihre Menschlichkeit durch die Einhaltung vorgegebener ethischer Prinzipien erlangt. Nach Konfuzius sind die wesentlichen ethischen Richtlinien, deren Zusammenspiel in Abbildung 6 dargestellt wird, Gegenseitigkeit, Gerechtigkeit und Anstand.[2]

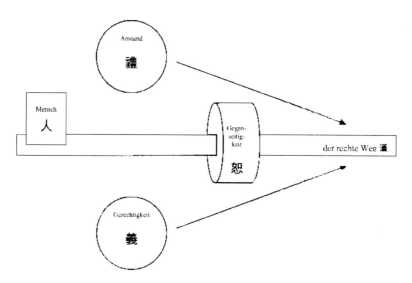

Abbildung 6: Zusammenhang der drei Kernprinzipien nach Konfuzius
Quelle: Meisig (2005), S. 10

---

[1] Vgl. Roetz (2006), S. 58
[2] Vgl. Meisig (2005), S. 10

Orientiert an diesen Kernaussagen werden heute nicht nur die Beziehungen zwischen Bürgern und Staat, sondern auch die Beziehungen der Bürger untereinander durch konfuzianisches Denken bestimmt. Wie bereits erwähnt, legt der Konfuzianismus großen Wert auf die Gestaltung dieser Beziehungen, sowie ihre Abhängigkeiten zueinander. Im Mittelpunkt des vorgegebenen Wertesystems stehen Pflicht, Loyalität und Respekt gegenüber den Eltern, dem Alter und der Ehrlichkeit. Dabei spielen die Erziehung, die Harmonie der gegenseitigen Verpflichtungen und die Hierarchie als gesellschaftliche Ordnung eine wesentliche Rolle.[1]

Nach Konfuzius braucht es ein streng hierarchisches Gesellschaftssystem in dem jedes Individuum einen fest zugewiesenen Platz erhält und dessen Führer durch seine Verantwortung für bzw. seine Sorge um die ihm anvertrauten Individuen legitimiert ist.[2] Nur so lässt sich die gewünschte Harmonie und Stabilität der Gesellschaft, zu deren Gunsten ein Individuum bereit ist, auf einen Teil seiner Freiheit zu verzichten, erreichen. Wissenschaftlich begründet wird diese Einstellung durch das chinesische Familienmodell, das Konflikte als Auslöser für mangelnden Zusammenhalt und internes Chaos betrachtet.[3] Die Familie kann daher auch als kleinster Kern eines, nach dem Zwiebelmodell aufgebauten Komplexes, einzelner Hierarchiesysteme angesehen werden. Innerhalb der Familien, deren Führer in der Regel der Familienvater ist, erlernt ein Individuum die grundlegenden Werte wie Vertrauen und Höflichkeit. Diese können dann in anderen Hierarchiesystemen, beispielsweise am Arbeitsplatz oder in der Schule, angewandt werden, sodass am Ende eine große harmonische Gesamtsozialhierarchie mit der KPCh an der Spitze entsteht. Es geht im Kern der konfuzianischen Ordnung also auch darum, dass jedes Individuum eigenständig seinen untergeordneten Platz in der Gesellschaft erkennt und anerkennt.[4]

Der Konfuzianismus in der hier beschriebenen Ausprägung hat nicht nur großen Einfluss auf das Verhalten der Menschen innerhalb der Wirtschaft, ein Aspekt, der für diese Studie besonders relevant ist, sondern auch auf die noch andauernde Ausgestaltung einer sozialen Umgebung durch Reformen. So wurde aus westlicher Sicht häufig ein schlecht ausgeprägtes Rechtssystem mit mangelhafter Rechtssicherheit und Ungleichheit der Bürger vor dem Gesetz bemängelt. Diese Kritik ist sicherlich verständlich, be-

---

[1] Vgl. Holtbrügge/Puck (2005), S. 20
[2] Vgl. Nutzinger (2006), S. 118
[3] Vgl. Nutzinger (2006), S. 114
[4] Vgl. Nutzinger (2006), S. 154

trachtet man allerdings die konfuzianische Lehre und deren Bedeutung innerhalb der chinesischen Gesellschaft sollte auch anerkannt werden, dass die Übertragung eines westlich orientierten Rechtssystems, wie es sich eben diese Kritiker wünschen, nur bedingt sinnvoll ist. In der Vergangenheit konnte immer wieder beobachtet werden, dass Gesetze zwar existierten, von den Bürgern aber nicht als solche anerkannt und eingefordert wurden, da sich das Zusammenleben an den ethischen Regeln von Konfuzius orientiert, die eine Meidung von Konflikten fordern.[1]

Abschließend sei in diesem Abschnitt erwähnt, dass es in China, sicherlich auch bedingt durch das Verbot philosophischer Ansätze unter Mao Zedong, trotz des gelebten Konfuzianismus, bisher keine starke Zivilgesellschaft und kaum staatsbürgerliches Bewusstsein gibt. Eine Tugend, die in anderen von Konfuzius geprägten Kulturen, wie der Japans, in starkem Maße vorhanden ist.

2.3.2 Der Taoismus

Der Taoismus stellt eine weitere bedeutende philosophische Tradition in der chinesischen Geschichte dar. Er ist in seiner Vielfalt und Komplexität nur schwer zu erfassen, da er in verschiedensten Ansätzen die gesamte Kultur bestimmt und sich durch verschiedenen Einflüsse, unter anderem des Buddhismus, weiter entwickelt hat. Ursprünglicher zentraler Gedanken des Taoismus war die Annahme, dass der Mensch kein Teil der Weltordnung mehr sei und seine Aufgabe somit darin besteht diese Ordnung wieder zu erreichen.[2]

Für die heutige Bedeutung und Anwendung des Taoismus ist aber vor allem die Herausstellung der Zusammenhänge einzelner Ereignisse eines hierarchischen Systems relevant. Orientiert an der Fünf-Elemente Lehre und der Yin-Yang Theorie werden zwischen den natürlichen und sozialen Beziehungen Relativitäten hergestellt und so eine Lehre „der kosmischen Wandlung, von dem ewigen Auf und Ab"[3] formuliert. Diese Theorie betrachtet das absichtliche Eingreifen in gegebene ablaufende Prozesse als Fehler, der zu einer Störung der Ordnung und des Gleichgewichts führt.[4]

---

[1] Vgl. Nutzinger (2006), S. 156
[2] Vgl. Meisig (2005), S. 53
[3] Meisig (2005), S. 64
[4] Vgl. Meisig (2005), S. 64

Nach den Lehren des Taoismus lässt sich ein vollkommener Zustand der Gesellschaft nur durch die Harmonie aller Handlungen erreichen. Hierzu ist es nötig, dass sich die Menschen auf strenge Hierarchien und moralische Prinzipien festlegen. Dabei geht man im Taoismus von unvollständigem Wissen aus, das je nach Betrachter variiert und dessen gültige Komponenten immer wieder bewiesen werden müssen.[1]

Der, auch im Westen, am häufigsten beachtete Denkansatz des Taoismus ist die bereits erwähnte Yin-Yang Theorie, deren Symbolik in Abbildung 7 dargestellt ist. Diese Theorie basiert auf den Regelmäßigkeiten des Universums und versucht diese auf das tägliche Leben zu übertragen. Dabei steht die hellere Seite des Symbols für die Sonne (Yang) bzw. das Männliche, die dunklere Seite für den Mond (Yin) bzw. das Weibliche. Beide Charaktere hängen eng voneinander ab und könnten ohne ihren jeweiligen Gegenpart nicht existieren. Das Yin-Yang Symbol entstand ursprünglich bei der Beobachtung von Himmelskörpern und so stellte die Farbgrenze auf alten astronomischen Skizzen den Lauf der Sonne um die Erde dar. Die beiden Punkte wurden nachträglich eingefügt und kennzeichnen die Positionen der Sommer- bzw. der Wintersonnenwende.[2]

Abbildung 7: Symbol der Yin-Yang Theorie
Quelle: Ohio Shaolin-Do (2008)

Die Yin-Yang Theorie erklärt unter anderem das große Verständnis und den Respekt, den die chinesische Gesellschaft fremden Kulturen entgegenbringt. Dabei steht das maskuline Yang für die westliche Kultur, die von Chinesen durch Adjektive wie analytisch, rational oder kausal beschrieben wird. Sich selbst sehen viele Chinesen als eine integrative, intuitive und sozial vernetze Gesellschaft, die durch das feminine Yin reprä-

---

[1] Vgl. Holtbrügge/Puck (2005), S. 21
[2] Vgl. Chinese Fortune (2008)

sentiert wird. Für eine ausgeglichene Weltordnung ist es dem Taoismus zufolge wichtig, dass beide Weltanschauungen und die damit verbundenen Kulturen gleichermaßen existieren und eine harmonische Einheit bilden.[1]

Neben seinem Einfluss auf die Einstellung gegenüber diesen globalen Gegensätzen prägt der Taoismus auch die meisten alltäglichen Lebensbereiche der Chinesen und kann Entscheidungen bezüglich eines Hausbaus, einer unternehmerischen Tätigkeit oder auch einer Familiengründung beeinflussen.

2.3.3 Guan-xi

Neben den beiden philosophischen Denkrichtungen prägen vor allem so genannte Guan-xi Beziehungen das gesellschaftliche Handeln in der VR China. Guan-xi beschreibt den, auf Gegenseitigkeit beruhenden, zwischenmenschlichen Handel von nicht monetären Gütern und spielt bis heute eine große Rolle im Alltagsleben der Chinesen. Eine Guan-xi Beziehung wird meist langfristig eingegangen und verpflichtet die beteiligten Parteien darauf zu achten, dass das Verhältnis von empfangenen und ermöglichten Gefälligkeiten ausgeglichen ist.[2] Diese Verpflichtung beruht nicht auf festgesetzten Regeln, sondern greift auf die Lehre von Konfuzius zurück und funktioniert nur, solange sich beide Guan-xi Partner an den Leitlinien des Konfuzius orientieren, keine sofortige Gegenleistungen zu erwarten und gleichzeitig einen gewährten Gefallen niemals zu vergessen. Eine Guan-xi Beziehung ist für Chinesen mit einem Kredit, auf den bei Bedarf zugegriffen werden kann, vergleichbar.[3]

Guan-xi Beziehungen, als inoffizielle Form des Handels, gab es in der VR China bereits vor der Zeit Mao Zedongs, aber erst mit Einführung des Kommunismus entfalteten sich diese zu einer Art gesellschaftlicher Institution. Begründen lässt sich diese Entwicklung durch die damals wachsende Unvollständigkeit der Märkte und die strikte Kontrolle und Vergabe von Waren, aber auch von Informationen, durch die Behörden.[4] Schon bald wurde Guan-xi in allen denkbaren Bereichen des täglichen Lebens, von der Konsumgüterbeschaffung über die Arbeitsplatzbeschaffung, bis hin zur Gesundheitsversorgung, angewandt.

---

[1] Vgl. Holtbrügge/Hock (2005), S. 21
[2] Vgl. Joffe (2003), S. 121, f.
[3] Vgl. Chow (1994), S. 162
[4] Vgl. Chow (1994), S. 161

Inzwischen ist die Guan-xi Anwendung bei der Beschaffung von Gütern, auf Grund des wachsenden Angebots, zurückgegangen, die Anwendung zur Vermeidung von Behördenwillkür hingegen stark gestiegen. Insbesondere bei der Ausstellung von Lizenzen oder Genehmigungen wenden heute auch Unternehmen die Taktik des Guan-xi an. Gideon Joffe weist an dieser Stelle auf die Existenz einer Art Doppelmoral der gewährenden Politiker hin. Diese würden einerseits den Wandel durch Handel fordern, andererseits aber dulden, dass ausländische Unternehmen ihr Engagement in China durch Guan-xi festigen.[1] Ähnliche Vorwürfe könnte man sicherlich auch westlichen Unternehmern machen, da sie die Anwendung von Guan-xi immer wieder als Korruption einstufen und kritisieren, gleichzeitig aber alle Möglichkeiten, wie z.B. das Einladen ganzer politischer Delegationen, nutzen, um bei chinesischen Behörden Vorteile zu erlangen.

Bereits jetzt lässt sich zusammenfassend formulieren, dass in China das Handeln in persönlichen Netzwerken gegenüber unpersönlichen Tauschgeschäften bevorzugt wird. Diese Gegebenheit, die bei westlichen Geschäftspartnern oft Unverständnis hervorruft, hilft eine Vertragssicherheit zu gewährleisten und bietet den Chinesen Flexibilität im Umgang mit Veränderungen.[2] Abbildung 8 zeigt zusammenfassend wie sich die wesentlichen Unterschiede westlicher und chinesischer Vorgehensweise, orientiert an den diskutierten Denkweisen äußern.

Westlicher Individualismus	Chinesischer Kollektivismus
Individualistische Selbstkontrolle (durch Strafe)	Soziale Kontrolle (durch Scham oder Gesicht)
Governance durch Rechtsnormen	Personalistische Governance durch Guan-xi
Verträge und Transaktionen als Fokus der Geschäftstätigkeit	Beziehungen als Fokus der Geschäftstätigkeit
Märkte als wichtigstes Organisationsprinzip	Netzwerke als wichtigstes Organisationsprinzip
Dominanz des Wettbewerbs (survival of the fittest)	Dominanz der Kooperation (survival of those fitting)
Beherrschung der Natur durch Wissenschaft	Fatalismus: Glück, Geschick, Seele (z.B. Feng Shui)

Abbildung 8: Westlicher Individualismus/Chinesischer Kollektivismus
Quelle: Holtbrügge/Puck (2005), S. 25, eigene Darstellung

---

[1] Vgl. Joffe (2003), S. 127 ff.
[2] Vgl. Nutzinger (2006), S. 162

Die hier aufgeführten kulturellen Besonderheiten, gemeinsam mit den philosophischen Leitlinien des Konfuzianismus und des Taoismus, prägen nicht nur das gesellschaftliche Zusammenleben der Chinesen, sondern einhergehend damit auch die wirtschaftliche Entwicklung der VR China. Gerade bei der Betrachtung mittelständischer Unternehmen, deren Gründung und Leitung in der Regel maßgeblich von individuellen Einstellungen abhängt, spielen die vorgestellten Handlungsrichtlinien eine entscheidende Rolle, sodass während der folgenden Betrachtung mittelständischer Unternehmen immer wieder darauf zurückgegriffen wird.

3 Mittelständische Unternehmen als bedeutender Teil der Privatwirtschaft in der VR China

3.1 Entwicklung von mittelständischen Unternehmen in China

Die Entwicklung mittelständischer Unternehmen, die in der Regel einen wesentlichen Teil aller privaten Unternehmen ausmachen, hängt in starkem Maße mit dem Fortschritt der privatwirtschaftlichen Entwicklung zusammen. In wenigen Volkswirtschaften wird dieser Zusammenhang so deutlich wie in der VR China, da deren marktwirtschaftlich ökonomische Entwicklung noch sehr jung ist. Dabei kristallisieren sich auch Einflussfaktoren heraus, die erst mit zunehmender Unternehmensgröße eine wirtschaftliche Weiterentwicklung beeinflussen. In diesem Abschnitt werden die spezifischen Einflussfaktoren der Mittelstandsentwicklung aufgezeigt, wobei ein besonderes Augenmerk auf den gesellschaftlichen Aspekten dieser Bewegung liegt. Neben Mentalität und Kultur der Unternehmensgründer spielen auch die administrativen Rahmenbedingungen der Unternehmensgründung eine wesentliche Rolle bei der Entwicklung mittelständischer Unternehmen. Abschließend werden daher die verschiedenen möglichen Unternehmensformen, sowie die Vorgehensweise bei einer Unternehmensgründung erläutert.

3.1.1 Entfaltung im Zuge der privatwirtschaftlichen Entwicklung

Einhergehend mit der voranschreitenden Entwicklung einer Privatwirtschaft seit Anfang der 90er Jahre, begannen sich auch mittelständische Unternehmen auf den Märkten der VR China zu etablieren. Die maßgebliche politische Entscheidung, welche eine Entwicklung größerer privater Unternehmen überhaupt möglich gemacht hat, ist die Aufhebung der Restriktion der Angestelltenzahlen (Vgl. Kapitel 2.2.2).

In der Folge kam es, durch eine gewisse Skepsis der Bevölkerung zunächst schleppend, dann immer zügiger, zur Entwicklung einer Vielzahl an mittelständischen Unternehmen verschiedenster Branchen. Diese Entfaltung einer neuen Unternehmerschicht, die durch individuelle Nutzung ökonomischer Möglichkeiten selbstständig ihren Erfolg verantwortet, schritt in den einzelnen Provinzen mit großen Geschwindigkeitsunterschieden voran. Während einzelne Regionen schnell durch einen hohen Anteil privater mittelständigen Unternehmen geprägt waren, überwog in anderen Regionen der Anteil staatlich oder kollektiv gelenkter Unternehmen.[1] Dies lässt sich auf eine unterschiedliche Akzeptanz der privaten Wirtschaft und einer damit einhergehenden unterschiedlich starken Förderung durch die Verwaltungen einzelner Provinzen zurückführen.

Einer der interessantesten und einflussreichsten Faktoren der Mittelstandsentwicklung ist das Erlernen von Management- und Organisationsfähigkeiten durch chinesische Unternehmer. Innerhalb der marktwirtschaftlichen Strukturen wird von Führungskräften eine Denkweise verlangt, die mit einer vielfältigen Veränderung umgehen kann, um so der Komplexität, Unsicherheit und Dynamik des Marktes gerecht zu werden.[2] Zu Beginn der Mittelstandsentwicklung war so gut wie kein theoretisches und praktisches Unternehmerwissen, das über die Führung von Familienmitgliedern hinausging, vorhanden. Westliche Unternehmer vergleichen das Geschäftumfeld in der VR China aus diesem Grund immer wieder mit einem Spielplatz für Manager. Damit stellen sie fest, dass in Lehrbüchern fortgeschrittener Industrieländer vermittelte Managementtechniken bei chinesischen Unternehmern oftmals keine Anwendung finden. Diese haben lange Zeit keine betriebswirtschaftliche Ausbildung genossen und entwickeln ihre Unternehmen nach traditionellen Werten und dem ‚learning by doing'- Konzept. Es lassen sich in der VR China noch heute, im Sinne der westlichen Ansprüche an Konzeption und Führung, unübliche Vorgehensweisen und Geschäftsabschlüsse beobachten. Diese noch nicht ausgereifte Form der Unternehmensführung führt nicht selten zu ineffizienten Strukturen innerhalb von Organisationen und beeinflusst so auch die Gesamtentwicklung mittelständischer Unternehmen. Viele Firmen haben noch lange nicht alle Möglichkeiten der Entwicklung ausgeschöpft und befinden sich, verglichen mit westlichen Unternehmen, noch in einer frühen Phase der Prozessoptimierung.[3]

Allerdings lässt sich beobachten, dass zeitverzögert zur Entfaltung des Mittelstandes ein enormer Fortschritt auf dem Gebiet der Führungskräfteausbildung zu beobachten ist und die Unternehmensführung daher immer professioneller wird. Seit Ende der 90er Jahre gibt es viele, auch in internationalen Kooperationen tätige Universitäten, die einen wirtschaftswissenschaftlichen Studiengang anbieten. Laut verschiedener Studien verfügen immer mehr chinesische Manager über eine Hochschulausbildung und sprechen häufig

---

[1] Vgl. Messner (1998), S. 37
[2] Vgl. Tagscherer (1999), S. 19
[3] Lin, Harrison

mehr als eine Fremdsprache.[1] In wie weit dieser Teil an hoch qualifizierten Managern in chinesischen Unternehmen tätig ist oder bevorzugt Karrieremöglichkeiten internationaler Unternehmen nützt, lässt sich nicht nachvollziehen.

Zusammenfassend kann festgestellt werden, dass die Entwicklung mittelständischer Unternehmen wirtschaftlich einhergeht mit der Entwicklung der Privatwirtschaft. Im Vergleich zu kleinen Unternehmen, die zu Beginn der Bewegung einen Großteil der Privatunternehmen gestellt haben, wird die Mittelstandsentwicklung von weiteren Faktoren beeinflusst. Je größer ein Unternehmen ist, desto größer ist auch die Komplexität und desto eher sind die Führungskräfte auf die Entwicklung des entsprechenden Umfeldes angewiesen. Die erfolgreiche Entfaltung mittelständischer Unternehmen ist daher eng verknüpft mit der Weiterentwicklung externer Rahmenbedingungen, aber auch mit der anhaltenden Beachtung philosophischer und kultureller Werte der VR China. Dieser Aspekt wird aus westlicher Sicht oft vernachlässigt, da gerne versucht wird die eigenen Ansichts- und Handlungsweisen ohne Veränderungen auf die chinesische Volkswirtschaft zu übertragen, vielleicht aus Überzeugung, vielleicht aber auch aus Angst vor dem Unbekannten. Bei detaillierter Betrachtung wird allerdings deutlich, dass der Erfolg der jüngsten privatwirtschaftlichen Entwicklung der VR China eng mit der durch Konfuzianismus und Taoismus geprägten Mentalität chinesischer Bürger verknüpft ist. Die macht sich insbesondere bei Unternehmensaufbau und -führung, wesentliche Faktoren der Entfaltung mittelständischer Unternehmen, bemerkbar (Vgl. Kapitel 4.3).

3.1.2 Gesellschaftliche Hintergründe der Mittelstandsentwicklung

Bei der Entwicklung nationaler mittelständischer Unternehmen handelt es sich um einen Vorgang, dessen Verlauf und Geschwindigkeit mit der Gründerfreude, dem Engagement, der Risikofreude und dem Erfinderreichtum einer Gesellschaft zusammenhängt. Diese Faktoren werden maßgeblich durch die Unternehmensumwelt, aber eben auch durch die generellen, zunächst einmal als gegeben zu betrachtenden, kulturellen und philosophischen Eigenschaften einer Gesellschaft beeinflusst. Gerade in der VR China, deren Vergangenheit von Systemwechseln, Unsicherheit und Unterdrückung geprägt ist, sollte dieser Aspekt, trotz fehlender Zahlen zur Belegung, bei der Betrachtung der Entfaltung eines Mittelstandes beachtet werden. Im Mittelpunkt sollen dabei nicht die

---

[1] Vgl. Tagscherer (1999), S. 57 ff

bereits erörterten philosophischen Hintergründe stehen, sondern die Einflussfaktoren verschiedener Generationen der VR China. Dabei steht der Begriff der Generation für „*die Gesamtheit der innerhalb eines bestimmten Zeitabschnitts geborenen Gesellschaftsmitglieder, die aufgrund gleichartiger historischer Erfahrungen ähnliche kulturelle Orientierungen, soziale Einstellungen und Verhaltensmuster ausgebildet haben"*. [1]

In der VR China lassen sich an Hand dieser Definition drei Generationen unterscheiden. Die alte Generation der Menschen über 35 Jahren, die Hochleistungsgeneration der 25-35 jährigen und die Generation der kleinen Kaiser unter 25 Jahren.[2] Diese verschiedenen Generationen unterscheiden sich maßgeblich, was Bildung, Mentalität und Zukunftsperspektiven angeht und prägen somit das Unternehmensbild der VR China in unterschiedlicher Art und Weise.

Viele Menschen der alten Generation haben große Schwierigkeiten sich innerhalb des gelebten Kapitalismus zurechtzufinden und vermissen einen ihnen vorgegebenen Platz in der Gesellschaft. Unter Mao geboren erfuhren die meisten von ihnen am eigenen Leib, oder zumindest durch Erzählungen ihrer Eltern, die sozialistischen Wertevorstellungen und die Unterdrückung des Unternehmertums, sowie des eigenständigen Denkens. Ihr Leben war geprägt von Entbehrungen, Verzicht und unzähligen Opfern.[3] Viele Mitglieder dieser Generation haben keine Bildung genossen, können nicht einmal lesen und schreiben, und waren als Arbeiter in staatlichen Betrieben oder als Bauern tätig. Im Zuge der wirtschaftlichen Umstrukturierung sind große Teile der alten Generation auf der Strecke geblieben und konnten nicht in das neue Gesellschaftsbild integriert werden. Dabei spielt sowohl die fehlende Bildung, die eine Anstellung in der anspruchsvolleren Privatwirtschaft ausschließt, als auch das Unverständnis gegenüber dem Werteverfall und den neuen gesellschaftlichen Richtlinien, eine entscheidende Rolle.

Der heutige wirtschaftliche Aufschwung und die gesellschaftlichen Veränderungen werden von der Hochleistungsgeneration der 25-35 jährigen getragen. Sie ist die erste Generation, die aus eigener Erfahrung lediglich die vom Aufschwung und Wirtschaftswachstum geprägte Zeit unter Deng Xiaoping kennt. Dementsprechend optimistisch, ehrgeizig und selbstbewusst schauen diese jungen Erwachsenen in die Zukunft und reißen sich förmlich darum die ihnen, im Vergleich zu ihrer Vorgängergeneration,

---

[1] Meyers Lexikon (2008a)
[2] Faust, Peter
[3] Vgl. Kühl (2008)

gegebenen individuellen Möglichkeiten zu nutzen. Viele von ihnen haben die Möglichkeit eine erstklassige Bildung zu genießen und somit auch in hoch qualifizierten Arbeitsstellen Anerkennung zu finden, andere unterstützen die Volkswirtschaft in dem sie unter harten Bedingungen mit großem Eifer auf den Baustellen der Städte arbeiten. Entscheidend für die gesamte Entwicklung, und somit auch für die Entwicklung mittelständischer Unternehmen, ist die Tatsache, dass diese Generation eigene Ziele vor Augen hat und hart dafür arbeitet, diese auch zu erreichen. Zwar standen viele von ihnen von Geburt an unter dem Druck ihrer Familie, hart arbeiten und lernen zu müssen um so für sich selbst und die Familie eine erfolgreiche Teilnahme am chinesischen Aufschwung zu gewährleisten. Gleichzeitig wurde in der Erziehung aber auch auf die Vermittlung von traditionellen Werten und philosophischen Grundlinien geachtet, die ein harmonisches Zusammenleben ermöglichen.[1] Diese Kombination von vorgegebenem Leistungsdruck, vereint mit familiärer Geborgenheit und der Vermittlung höflicher und angemessener Verhaltensformen, wird in westlichen Gesellschaften, wenn auch in einer eigenen, an westlichen Werten orientierten Form, zunehmend vermisst und gefordert. Durch ihre gesellschaftlichen Merkmale, kann diese Generation chinesischer Bürger durchaus als eine ideale Unternehmer-, oder zumindest Arbeitnehmergeneration angesehen werden.

Ganz im Gegenteil dazu wächst die Generation der kleinen Kaiser in einem unbeschwerten und verhältnismäßig reichen Elternhaus auf, innerhalb dessen das Wohlergehen des Kindes häufig über der Vermittlung von Werten und Anstand steht. Beeinflusst durch die Ein-Kind-Politik der chinesischen Regierung, die das einzelne Kind in den Mittelpunkt der Familie stellt, wächst eine Generation von vielmals verwöhnten und unerzogenen Einzelkindern heran. Szenen bei denen das Kind den Ton angibt und Eltern den Wünschen ihres Sprösslings folgen sind keine Seltenheit in den reichen Städten Chinas. Kinder dieser Generation verfügen in der Regel über eine sehr gute Ausbildung und viele Karrieremöglichkeiten, die sie auf Grund mangelnden Ehrgeizes, geringer sozialer Kompetenz und Unselbstständigkeit nicht immer ausnutzen. Inzwischen wird diesen Negativ-Attributen mit Ferienlagern für soziale Kompetenz und gemeinschaftliches Miteinander entgegen gewirkt.[2] In wie weit diese Generation den wirtschaftlichen Aufschwung und den weiteren Aufbau der Privatwirtschaft unterstützt lässt sich heute noch nicht absehen. Die VR China hat damit im Bezug auf die momentan heran-

---

[1] Vgl. Kühl (2008)
[2] Vgl. Pierk (2007)

wachsende Generation zukünftiger Gründer und Arbeitnehmer ähnliche Befürchtungen und Probleme wie andere Industrienationen, die einen Mangel an Engagement, Ehrgeiz und sozialem Verhalten bei der Jugend beklagen.

3.1.3 Unternehmensgründung mittelständischer Unternehmen

Im Zuge der Entwicklung mittelständischer Unternehmen wurden von der Regierung passende Unternehmensformen definiert, um so ein einheitliches Gründungs- und Unternehmenssystem zu schaffen. Für kleine und mittelgroße Privatunternehmen bedeutete diese Neuerung weitere offizielle Anerkennung und zunehmende Ausbaumöglichkeiten für die Umsetzung ihrer Geschäftideen.

Die vom chinesischen Staat für kleine und mittelständische Unternehmen vorgesehene Unternehmensform ist die so genannte LLC, ein Modell, das in seinen Grundzügen mit dem Modell einer GmbH in Deutschland vergleichbar ist. Dabei wird zwischen einer LLC, gegründet von lediglich einer Person, und einer LLC, in die mehrere Personen investieren, unterschieden. Die Richtlinien beider Unternehmensformen sind grundsätzlich ähnlich, im Gegensatz zur Ein-Mann LLC gibt es für eine LLC mit verschiedenen Unternehmensteilhabern allerdings zusätzliche gesetzliche Vorgaben bezüglich der Vorstandsgestaltung, der Berichterstattung, des Rechnungswesens und des Organisationsaufbaus. Allerdings kann bei einer LLC, innerhalb eines gewissen Rahmens, auf das Hinzuziehen externer Buchprüfer verzichtet werden, wohingegen das Finanzwesen einer Ein-Mann LLC strenger überwacht wird. Dabei kann bei dieser Unternehmensform unter bestimmten Umständen, in denen es nur schwer möglich ist Privat- und Firmeneigentum zu trennen, trotz des juristischen Standes einer Gesellschaft mit beschränkter Haftung, das Privatvermögen des Firmeneigners zur Deckung von Schulden hinzugezogen werden.

Entscheidend für die Gesamtentwicklung mittelständischer Unternehmen ist, dass jeder Bürger ohne Zusatzgenehmigungen der Regierung ein Unternehmen registrieren lassen kann und dann, bei sorgfältiger Kennzeichnung aller Vermögenswerte und Beachtung der gesetzlichen Vorschriften, nicht mehr mit seinem Privatvermögen haftet. Zur rechtskräftigen Gründung eines Unternehmens müssen Bürger fünf Vorgaben erfüllen.[1]

(1) Die Anzahl der Inhaber muss so gewählt werden, dass Beschlussfähigkeit besteht.

(2) Das von den Gründern eingebrachte Kapital muss mindestens das gesetzlich festgeschriebene Mindeststammkapital erreichen.

(3) Der Gesellschaftsvertrag muss von allen Gründern gemeinsam festgelegt werden.

(4) Das Unternehmen muss einen Namen haben und in seinem Organisationsaufbau den gesetzlichen Vorgaben einer LLC genügen.

(5) Das Unternehmen muss einen festen Wohnsitz haben.

Wurden diese Bedingungen vom MOFCOM auf ihre Gültigkeit hin überprüft, fehlen zum erfolgreichen Abschluss der Firmengründung noch ein Eintrag bei der administrativen Verwaltung der Industrie- und Handelsunternehmen, sowie die Anmeldung beim Steueramt der VR China. Je nach Region und Branche können zusätzliche bürokratische Hürden auftauchen, deren Übersehen dem Unternehmen nachhaltig schaden kann, sodass Gründer sich umfassend informieren müssen. Diese Undurchsichtigkeit von Vorgaben einzelner chinesischer Behörden steht in gewissem Gegensatz zu dem ansonsten sehr einfachen und unkomplizierten Gründungsverfahren eines Unternehmens in China.[2]

Neben der Gründung einer LLC besteht die Möglichkeit eine JSLC zu gründen, deren Unternehmensform deutliche Parallelen zu der hier bekannten Form der Aktiengesellschaft aufweist. Verglichen mit den Richtlinien einer LLC sind die gesetzlichen Vorgaben einer JSLC deutlich strenger, das benötigte Stammkapital höher und der Aufwand zur Gründung größer, sodass diese Unternehmensform in der Regel nur von sehr großen Firmen gewählt wird. Dennoch kann die Gründung einer JSLC, vor allem wegen der Möglichkeit zur Kapitalgewinnung am Aktienmarkt, auch für mittelständische Unternehmen interessant sein. Während an einer LLC maximal 50 Personen beteiligt sein dürfen, können es bei dem Modell der JSLC bis zu 200 Personen sein. Dies kann, sofern es möglich ist, sich in einer solch großen Gruppe sinnvoll zusammenzufinden und zu

---

[1] SAIC (2005)
[2] Lin, Harrison

organisieren, bei der Beschaffung des benötigten Stammkapitals sehr hilfreich sein.[1] Inzwischen gibt es für mittelständische Unternehmen eine gesonderte Börse (Vgl. Kapitel 4.3.2), was einen zusätzlichen Anreiz schaffen könnte sich als JSLC zu formieren, um so zukünftiges Wachstumspotential in vollem Umfang zu nutzen.

Abschließend kann festgehalten werden, dass weder die Gründungsmodalitäten noch die Organisationsvorgaben für Unternehmen einer weiteren Entwicklung mittelständischer Unternehmen im Weg stehen. Vielmehr wird die fortschreitende Entwicklung durch die neue Möglichkeit ein Unternehmen mit beschränkter Haftung zu formieren sogar begünstigt. Lediglich der Zeitaufwand einer Firmengründung ist vergleichsweise hoch, was für eine ineffiziente Struktur chinesischer Ämter oder auch für zusätzliche Überwachungsmechanismen der unternehmerischen Tätigkeit spricht.[2] Diese Einschätzung wird durch eine, vom EFWR- Forum durchgeführte Untersuchung bezüglich verschiedener Einflussfaktoren bei einer Unternehmensgründung bestätigt.

	China	Hong Kong	Japan	USA	BRD
Bürokratische Hindernisse bei der Unternehmensgründung	7,6	8,5	6,5	7,9	8,2
Mit Bürokratie verbrachte Zeit	5,4	7,3	9,1	8,2	8,5
Anstrengungen bei der Unternehmensgründung	6,5	9,0	5,9	8,4	6,4

Abbildung 9: Rangfolge der Regulierungen bei Unternehmensgründungen
Quelle: EFWR (2002)

Wie aus Abbildung 9 ersichtlich, liegt China im Vergleich lediglich bei dem zu erbringenden Zeitaufwand weit abgeschlagen auf dem letzten Platz. Dabei steht ein hoher Indexwert für eine einfache Abwicklung oder geringe Wartezeiten, wohingegen ein niedrigerer Indexwert für größere Anstrengungen bzw. Komplikationen steht.

Trotz dieser positiven Einschätzung sei darauf hingewiesen, dass es noch immer viele Einschränkungen bezüglich der für die Privatwirtschaft freigegebenen Branchen gibt.

---

[1] Vgl. SAIC (2005)
[2] Vgl. Joffe (2003), S. 155

Der Beginn einer selbständigen Tätigkeit ist nur innerhalb der vom Staat gewünschten Sektoren möglich. Unternehmensfelder, die als national wichtig eingestuft sind, wie z.B. die Energiewirtschaft, bleiben weiterhin für private Unternehmer gesperrt.

3.2 Definition mittelständischer Unternehmen in der VR China

Bei der Betrachtung einer bestimmten Gruppe von Unternehmen, wie im Falle dieser Studie der mittelständischen Unternehmen, ist es wichtig eine genaue Einordnung zu schaffen. Werte und Begriffe bei der Analyse der chinesischen Wirtschaft präzise abzugrenzen ist nicht einfach, vor allem da sich unterschiedliche Statistiken und Berichte häufig auf verschiedene Grundlagen beziehen. Dieser Abschnitt erläutert zunächst die Probleme bei der chinesischen Darstellung unternehmerischer Begriffe und stellt anschließend die aktuell gültige Definition der Regierung der VR China für mittelständische Unternehmen vor. Diese Definition gilt, mit wenigen im Verlauf genannten Ausnahmen, für die in diesem Buch betrachteten Unternehmen und wird daher im Detail erklärt. Abschließend zeigt dieser Abschnitt, zum Vergleich und zur Einordnung in ein Gesamtbild, Definitionen einiger großer Industrienationen und erklärt signifikante Unterschiede.

3.2.1 Problematik und Historie der Definition des Unternehmers

Auf Grund der schwierigen Vergangenheit und der noch jungen Entstehung des Unternehmertums in der VR China gab es lange Zeit keine allgemeingültige Definition für private Unternehmen sowie für den Unternehmer an sich. Die politische Führung tat sich schwer damit private Unternehmer per Definition offiziell anzuerkennen und wollte die Schaffung einer eigenständigen Berufsgruppe vermeiden. Aus diesem Grund werden individuell tätige Unternehmer, noch nach Änderung der Verfassung im Jahr 1988, als selbstbeschäftigte Arbeiter, individuelle Arbeiter oder unabhängige Arbeiter klassifiziert und damit nahtlos in das sozialistische Arbeiterbild eingefügt.[1]

Die Hemmungen der Regierung eine Unternehmerdefinition zu erstellen begründet sich allerdings nicht nur in der befürchteten öffentlichen Wirkung dieser Definition, sondern

---

[1] Vgl. Joffe (2003), S. 63

auch in den großen sozialen Klassenunterschieden der Unternehmer. Zu Beginn des Aufbaus der Privatwirtschaft setzte sich die Gruppe der Unternehmer aus verschiedensten soziodemographischen Schichten zusammen, von denen einige auf keinen Fall mit anderen in Verbindung gebracht werden wollten. Eine einheitliche Unternehmerdefinition hätte zum Beispiel unternehmerisch aktive politische Führer mit selbstständigen Händlern der Bauernklasse in einem Begriff zusammengefasst. Nach Ansicht der Unternehmer einflussreicher Kader wäre das eine Beleidigung und Abwertung ihrer selbst gewesen. Rückwirkend betrachtet war aber wohl nicht nur der eigene Stolz Kern des Definitionsproblems, sondern auch das schwierige Erfassen verschiedener Motive, Einstellungen und Handlungsweisen der heterogenen Unternehmergruppe. Abbildung 10 zeigt die chinesische Unternehmenslandschaft und verdeutlicht so die problematische Erfassung einer Definition.[1]

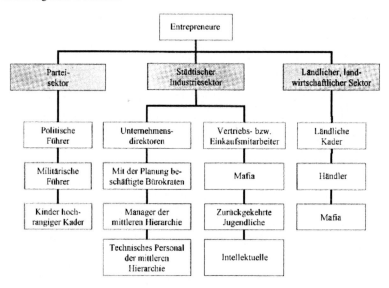

Abbildung 10: Darstellung der chinesischen Unternehmerlandschaft
Quelle: Joffe (2005), S. 49

Bedingt durch die strengen Restriktionen im Bezug auf die Mitarbeiteranzahl war auch eine Einteilung der Unternehmen in kleine, mittelgroße und große Betriebe bis in die neuere Zeit hinein nicht gegeben. Eine Definition mittelständischer Unternehmen, wie sie im folgenden Abschnitt vorgestellt wird, existiert in dieser ausführlichen Form erst seit diesem Jahrzehnt. Bis zur Anwendung dieser aktuell gültigen Definition gab es

---

[1] Vgl. Joffe (2005), S. 47 ff.

häufige Änderungen und teilweise unklare Definitionen, die staatliche und private Unternehmen gleicher Größe, je nach Ziel der statsistischen Erfassung, vermischten. Früher erhobene Zahlen bezüglich der Anteile verschiedener Unternehmensgrößen an der Gesamtzahl der Unternehmen in der VR China sind daher eingeschränkt aussagekräftig.[1]

3.2.2 Aktuelle Definition mittelständischer Unternehmen

Die heute gültige Definition mittelständischer Unternehmen in der VR China gilt seit dem 19. Februar 2003 und wurde vom chinesischen Handelsministerium, dem chinesischen nationalen Amt für Statistik sowie verschiedenen politischen Gremien festgelegt.[2] Sie ist sehr komplex und kann durch verschiedene Richtlinien auch große Firmen in die Klasse der mittelständischen Unternehmen einreihen. Besonders auffallend ist die Unterteilung in verschiedene Sektoren, so dass unterschiedliche unternehmerische Tätigkeiten per Definition verschieden behandelt werden. Des Weiteren stützt sich die Definition der chinesischen Regierung bei ihrer Einteilung nicht nur auf die Anzahl der Mitarbeiter, sondern zusätzlich auf den Jahresumsatz und die Bilanzsumme. Abbildung 11 zeigt die Einteilung und Definition mittelständischer Unternehmen der VR China.

Unternehmenssektor	Anzahl Mitarbeiter	Jahresumsatz (in Mio. RMB)	Bilanzsumme (in Mio. RMB)
Industrie	300≤ M ≤2000	30≤ J ≤300	40≤ B ≤400
Bauwesen	600≤ M ≤3000	30≤ J ≤300	40≤ B ≤400
Einzelhandel	100≤ M ≤500	10≤ J ≤150	-
Großhandel	100≤ M ≤200	30≤ J ≤300	-
Transportwesen	500≤ M ≤3000	30≤ J ≤300	-
Postwesen	400≤ M ≤1000	30≤ J ≤300	-
Hotellerie/ Gastronomie	400≤ M ≤800	30≤ J ≤150	-

Abbildung 11: Definition mittelständischer Unternehmen in der VR China
Quelle: Lin, Harrsion, eigene Darstellung

---

[1] Vgl. Hall (2007), S. 2
[2] Lin, Harrison

Bei Betrachtung der einzelnen Werte fällt auf, dass in der VR China auch aus westlicher Sicht sehr große Unternehmen als mittelständisch eingestuft werden. Die betroffenen Sektoren, wie zum Beispiel das Transportwesen, sind besonders arbeitskräfteintensiv und daher, im Vergleich zu den äquivalenten Staatskonzernen, mit bis zu 3000 Arbeitnehmern noch vergleichsweise klein. Bei der Einstufung an Hand des Jahresumsatzes unterscheidet die vorliegende Definition lediglich bei den Sektoren Hotellerie/Gastronomie und Einzelhandel, da dies die traditionell stärker diversifizierten Sektoren sind in denen ein Marktteilnehmer mit bis zu 300 Mio. RMB Jahresumsatz im Verhältnis zu Betrieben anderer Sektoren als sehr groß betrachtet werden kann.[1]

Durch die Gestaltung dieser Definition bietet die chinesische Regierung inzwischen eine solide Grundlage für die Erstellung von Studien und Statistiken, die unabhängig von eventuellen Kritikpunkten auch in dieser Untersuchung als Grundlage angesehen wird. Eine dennoch zu erwähnende Schwierigkeit ist die Einbindung von Unternehmen, deren Arbeitnehmerzahl unter der Mindestgrenze zum mittelständischen Unternehmen liegt. Es ist kaum ermittelbar, in wie weit die Masse der kleinen Unternehmen von Familien- und Einmannunternehmen oder von größeren, für Mittelstandsuntersuchungen durchaus relevanten Unternehmen, dominiert wird.

3.2.3 Vergleich mit Mittelstandsdefinitionen anderer Länder

Um die chinesische Definition mittelständischer Unternehmen einordnen und bewerten zu können, soll an dieser Stelle zunächst ein Überblick über die Definitionen anderer Volkswirtschaften gegeben werden. Hierzu zeigt Abbildung 12 die gesetzlichen Beschränkungen verschiedener westlicher und asiatischer Industrieländer auf.

---

[1] Lin, Harrison

Land/ Wirtschaftsraum	Sektoreinteilung	Höchstanzahl der Angestellten	Andere Maßstäbe
Australien	Produktion	100	-
	Dienstleistung	20	
Kanada	Produktion	500	-
	Dienstleistung	50	
EU	Alle	250	Jahresumsatz max. 50 Mio. EUR Jahresbilanzsumme max. 43 Mio. EUR
Japan	Produktion	300	max. 100 Mio. Y Kapitalanlagen
	Großhandel	100	max. 30 Mio. Y Kapitalanlagen
	Einzelhandel	50	max. 10 Mio. Y Kapitalanlagen
Korea	Produktion	300	-
	Dienstleistung	20	
USA	Alle	500	

Abbildung 12: Mittelstandsdefinitionen verschiedener Industrieländer
Quelle: SMEDA (2007)/IHK Rostock (2007), eigene Darstellung

Um einen Vergleich der unterschiedlichen Definitionen herzustellen wird im folgenden nur noch das Merkmal Mitarbeiteranzahl betrachtet, da dieses in allen Ländern eine Rolle spielt. Zwei Eigenschaften, welche die Definition der VR China von den Definitionen der anderen Nationen unterscheidet, fallen unmittelbar ins Auge. Zum einen gibt die VR China im Gegensatz zu den anderen Ländern auch eine Untergrenze der Mitarbeiterzahl an, zum anderen liegt die Obergrenze in den meisten Fällen deutlich über denen anderer Nationen.

Die fehlende Untergrenze der Beschäftigtenzahlen wird bei einigen der aufgeführten Länder durch eine zusätzliche Definition kleiner Unternehmen ersetzt und existiert somit also in anderer Form. In manchen Volkswirtschaften wiederum gibt es nur eine Definition für kleine und mittelständische Unternehmen, deren Zusammenfassung unter der Bezeichnung KMU bzw. SME inzwischen durchaus üblich ist. Chris Hall zufolge existieren dadurch aber auch Volkswirtschaften, bei denen bis zu 70% aller KMU weniger als fünf Angestellt haben.[1] Dabei bezieht er seine Meinung, dem zu Grunde liegenden Text nach, vor allem auf die USA, schließt aber ähnliche Situationen in anderen Ländern nicht aus. Allein diese Tatsache macht einen Vergleich von statistisch erhobenen Werten einzelner Länder bezüglich ihres Mittelstands nur schwer durchführbar. Im Folgenden wird daher auf einen Vergleich von, den Mittelstand betreffenden, Kennzahlen einzelner Nationen weitestgehend verzichtet.

---

[1] Vgl. Hall (2007)

Das zweite auffällige Merkmal, die höheren Grenzen für die Mitarbeiteranzahl in der VR China, lässt sich wohl am ehesten auf die Einwohnerzahlen der betrachteten Volkswirtschaften zurückführen. China ist mit 1,3 Mrd. Einwohnern deutlich größer als die USA, die mit ca. 303 Mio. Einwohnern die zweitbevölkerungsreichste Volkswirtschaft dieser Studie darstellen. Hierbei wurde die EU mit etwa 500 Mio. Einwohnern nicht berücksichtigt, da sie kein einzelnes Land darstellt. De facto ist ein Unternehmen mit beispielsweise 100 Mitarbeitern in den USA, verglichen mit der Gesamtanzahl zur Verfügung stehender Arbeiter, also deutlich größer, als ein Unternehmen mit 100 Mitarbeitern in der VR China. Des Weiteren spielt wohl auch der Wert einer einzelnen Arbeitskraft eine Rolle innerhalb der Definitionen, so dass nicht auszuschließen ist, dass die chinesische Definition mit steigenden Lohnkosten vor allem im industriellen Bereich angepasst werden wird.

3.3 Heutige Ausprägung mittelständischer Unternehmen

In vielen modernen Volkswirtschaften bilden mittelständische Unternehmen den wesentlichen Grundstein gesellschaftlichen und wirtschaftlichen Lebens. Viele Autoren sehen in der Entwicklung mittelständischer Unternehmen einen volkswirtschaftlichen Gesundheitsindikator, einen Jobmotor, der Arbeitsplätze schafft und sichert, oder auch einen Garant für gelebte Demokratie. Diese Beschreibungen mögen nicht immer ohne Einschränkungen realistisch sein und schon gar nicht komplett auf die VR China zutreffen, ersichtlich ist aber auch dort eine immer größere Bedeutung mittelständischer Unternehmen auf ökonomischer, politischer und sozialer Ebene. Dieser Abschnitt beschreibt zunächst die ökonomische Relevanz mittelständischer Unternehmen innerhalb der Volkswirtschaft Chinas und zeigt an Hand von Zahlen auf, wie sich die Mittelstandsstruktur der VR China und der BRD gleichen. Im Folgenden erörtert dieser Abschnitt eventuelle Parallelen von Mittelstands- und Demokratieentwicklung und zeigt auf in wie weit chinesische mittelständische Unternehmen Verantwortung innerhalb der Gesellschaft übernehmen.

3.3.1 Ökonomische Bedeutung innerhalb der Volkswirtschaft

Die aktuelle Bedeutung mittelständischer Unternehmen innerhalb der VR China ist ohne Zweifel als groß einzustufen. Allerdings ist eine Darstellung der Unternehmenslandschaft in detailliertem und facettenreichem Umfang mangels veröffentlichter chinesischer Statistiken und widersprüchlicher statistischer Angaben, zwischen denen im Folgenden abgewogen wird, nur bedingt möglich.

Einigkeit besteht über alle Quellen hinweg darüber, dass KMU in der VR China maßgeblich an der ökonomischen Entwicklung beteiligt sind und inzwischen eine nicht mehr weg zu denkende Rolle in der Volkswirtschaft einnehmen. Über 99% aller Unternehmen der VR China sollen kleine und mittelgroße Unternehmen sein, was heißen würde, dass lediglich 1% aller Unternehmen verbliebene staatliche Großunternehmen sind.[1] Diese Aussage scheint kaum realistisch, wird allerdings durch eine andere Quelle, der zu folge viele Staatsunternehmen in mittelgroße Unternehmen aufgeteilt wurden, von denen sich inzwischen immerhin nahezu 80% in privater Eigentumsform befinden, bestätigt.[2] Insgesamt soll es laut ‚China Knowledge', einem Expertenportal im Internet, das zahlreiche wissenschaftliche Beiträge und Statistiken bezüglich China enthält, im Oktober 2007 bereits 4,3 Mio. beim chinesischen Wirtschaftsministerium registrierte KMU geben. Diese Unternehmen sollen, ebenfalls im Oktober 2007, für 58,5% des BIP der VR China verantwortlich sein.[3] Die Tatsache, dass eine chinesische Zeitung für das Jahr 2005 einen Anteil der KMU von 60% des BIP der VR China angibt, welcher nach Regierungsplänen pro Jahr um 1% wachsen soll[4], spricht entweder für fehlerhafte Zahlen oder eine leicht rückläufige Entwicklung dieser Kennziffer. Im Gegensatz hierzu wäre die Entwicklung des Anteils der von KMU gezahlten Steuern am Gesamtsteuervolumen der VR China, nach den selben Quellen, zwischen den Jahren 2005 und 2007 leicht positiv, mit einem Anstieg von 50,0% auf 50,2%. Hieran lässt sich wiederum erkennen, wie stark die VR China den Mittelstand bereits integriert hat und von einer positiven Entwicklung der Privatwirtschaft profitiert, aber auch abhängt.

---

[1] Vgl. SITrends (2002)
[2] Vgl. US-Embassy (2002)
[3] Lin, Harrison
[4] Vgl. People's Daily (2006)

Neben den bereits genannten volkswirtschaftlichen Kennzahlen zur Einordnung der Bedeutung des Mittelstands in der VR China sollen zwei weitere Aspekte, zu denen von chinesischer Seite Daten vorliegen, betrachtet werden. Aus westlicher Sicht ist der Mittelstand unter anderem geprägt durch Erfindergeist, Mut zur Innovation und technischen Fortschritt. Auch wenn chinesische KMU oft in arbeitsintensiven, und damit weniger kapitalintensiven Branchen tätig sind, aus Gründen, die bei Betrachtung des unternehmerischen Umfeldes noch verdeutlicht werden, zeigt sich der frische innovative Unternehmergeist auch in China. Bereits im Jahr 2005 wurden 65% aller registrierten Patente von KMU angemeldet, dabei entfielen ein Anteil von 75% aller technologischen Neuerungen und ein Anteil von 80% aller neuen Produkte auf KMU.[1] Diese Zahlen werden durch ‚China Knowledge' bestätigt, hier spricht man von einem Patentanteil um die 66% und einem Anteil von 82% an allen neuen Produkten im Jahr 2007.

Neben der Weiterentwicklung von Wirtschaft und Technik fördern kleine und mittelgroße Unternehmen in der VR China maßgeblich die Bereitstellung neuer Arbeitsplätze. Im Jahr 2005 waren 75% aller Beschäftigten der VR China in KMU angestellt, unter ihnen auch viele Arbeiter, die in den maroden Staatsbetrieben entlassen wurden und hier eine neue Chance erhielten.[2] Dieser Feststellung muss allerdings hinzugefügt werden, dass KMU nicht als soziales Auffangsystem für in den Staatsbetrieben entlassene Arbeiter dienen können, da diese Arbeiter oftmals körperlich oder geistig nicht den Anforderungen eines erfolgreichen privaten Unternehmens genügen.[3] Anzumerken sei an dieser Stelle, dass es sich bei den genannten Zahlen durchweg um Angaben handelt, die kleine und mittelgroße Unternehmen zusammenfassen. Dies führt zu Schwierigkeiten in der Interpretation, besonders dann, wenn von einer großen Anzahl an Kleinst- und Familienunternehmen ausgegangen wird, die an sich nicht Teil dieser Untersuchung sein sollten. Aus der hier genannten Beschäftigungsquote lässt sich daher nicht erkennen, in wie weit es sich tatsächlich um Arbeitsplätze bei Unternehmen handelt oder um mitberücksichtigte kleine Einmann- oder Familienbetriebe, die z.B. zur Selbstversorgung Felder bestellen oder niedrige Dienstleistungen erbringen.

---

[1] Vgl. People's Daily (2006)
[2] Vgl. SITrends (2002)
[3] Vgl. US-Embassy (2002)

	VR China	Bundesrepublik Deutschland
Gesamtanzahl an KMU	4,3 Mio.	1,7 Mio.
Anteil der KMU an Gesamtunternehmenszahl	> 99,0%	99,3%
Anteil der KMU am BIP der Volkswirtschaft	58,5%	46,0%
Anteil der bei KMU beschäftigten Personen	75,0%	58,4%

Abbildung 13: Gesamtwirtschaftliche Bedeutung von KMU in China und der BRD
Quelle: SITrends (2002)/Lin, Harrison/US-Embassy (2002)/Statistisches Bundesamt Wiesbaden (2008), eigene Darstellung

Um die diskutierten Zahlen übersichtlich darzustellen und in Relation zu bringen bietet Abbildung 13 einen abschließenden Überblick und vergleicht die chinesischen Anteile der KMU an der Gesamtwirtschaft mit den entsprechenden Anteilen deutscher KMU an der Gesamtwirtschaft der BRD. Dabei liegt den aus Deutschland verwendeten Daten die bereits angeführte Definition der EU zu Grunde. Des Weiteren werden kleine und mittelständische Unternehmen auch in diesem Fall gemeinsam betrachtet um eine Vergleichbarkeit herzustellen. Es handelt sich, auf Grund der unvollständigen chinesischen Statistiken, um Werte die zwischen den Jahren 2005 und 2007 ermittelt wurden. Die Zahlen der BRD stammen durchweg aus dem Jahr 2005.

3.3.2 Politischer Einfluss mittelständischer Unternehmen

Bei der Diskussion des politischen Einflusses mittelständischer Unternehmen innerhalb der VR China ist es wichtig zwischen direktem und indirektem Einfluss zu unterscheiden. Der direkte Einfluss, bei dem Bürger und Unternehmen durch politisches Engagement in Parteien, Bürgerabstimmungen oder gar Wahlen direkten Einfluss auf das politische Geschehen und die Demokratisierung der VR China nehmen können, ist sehr gering. Politische Einflussnahme, die als Opposition zur Zentralregierung in Peking aufgefasst werden kann, ist strengstens verboten und wird von Beginn an unterdrückt. Auch demokratische und faire Wahlen wurden bisher lediglich in einzelnen Dörfern zur Festlegung eines Dorfvorstehers, der nicht Mitglied der KPCh sein muss, erlaubt und durchgeführt. Verschiedene Beobachter gehen davon aus, dass eine landesweite Anwendung des Wahlrechts, auf Grund der gesellschaftlichen und strukturellen

Entwicklung, theoretisch erst in 50-90 Jahren möglich sein wird.[1] Auf Grund des übergeordneten Harmonieprinzips nach Konfuzius, welches das Führen eines Wahlkampfes, aber auch die Vergabe der Stimme an einen Kandidaten, also die Befürwortung eines eventuellen Gesichtsverlust der anderen Bewerber, aus philosophischer Sicht heraus schwierig gestaltet, stellt sich die Frage in wie weit ein landesweites Wahlrecht überhaupt mit den kulturellen Eigenschaften der VR China vereinbart werden kann. Zudem kann diese, in der Zukunft mögliche, Gewährung politischer Freiheit kaum in Verbindung mit der wirtschaftlichen Entwicklung mittelständischer Unternehmen gebracht werden.

Der indirekte politische Einfluss mittelständischer Unternehmen ist bedeutend stärker und umfasst nicht nur das Erlangen größerer Freiheiten im Zuge einer für den Staat notwendigen Mittelstandsentwicklung, sondern auch die Interpretation wirtschaftlicher Freiheiten. So erlangten erfolgreiche mittelständische Unternehmen im Zuge der wirtschaftlichen Entwicklung, vermehrt die Möglichkeit mit politischer Unterstützung privates Eigentum zu erwerben. Zudem beeinflusste die Bewegung der privatwirtschaftlichen Entwicklung indirekt bildungspolitische Entscheidungen und persönliche Freiheitsrechte. Durch den steigenden Bedarf höher qualifizierter Arbeiter investiert der Staat zusätzlich in Bildungsmöglichkeiten und den internationalen Bildungsaustausch. In zunehmendem Maße ist es außerdem möglich, wenn auch unter strengen Auflagen, persönlich im Ausland Geschäfte zu tätigen und sich somit geistig und sozial vermehrt mit anderen Kulturen und Systemen auszutauschen. Dieser Fortschritt beeinflusst in einer Art Wechselwirkung zukünftige gesellschaftliche Entwicklungen und somit auch politische Entscheidungen.

Es gibt bisher keinen empirischen Beweis für eine, mit der wirtschaftlichen Entwicklung eines Staates, einhergehende Demokratisierung. Die Argumente einer besseren Bildung, wachsenden Wohlstands und einer starken Mittelschicht als Einflussfaktoren lassen sich dennoch nicht von der Hand weisen, wenn auch für eine tatsächliche demokratische Bewegung, zusätzlich die Verknüpfung diverser gesellschaftlicher Schichten notwendig wäre. Dies allerdings widerspricht der im Konfuzianismus, aber auch im Taoismus, als notwendig erachteten strengen Einhaltung von Hierarchien. Nach beiden, in der chinesischen Gesellschaft praktizierten, philosophischen Ansätzen lässt sich nur durch ein striktes Hierarchiesystem ein gesellschaftliches Gleichgewicht und somit

---

[1] Vgl. Joffe (2003), S. 175 ff.

Harmonie und Stabilität erreichen. Die Demokratisierung im westlichen Sinne würde daher eine Aufgabe traditioneller Werte und philosophischer Ideen beinhalten.

Noch wird die Gesellschaft Chinas als eine vom Staat geführte Zivilgesellschaft eingestuft, längerfristig könnte sich das politische System, auch bedingt durch starke mittelständische Unternehmen, in Richtung einer westlichen Demokratie oder eines demokratisch autoritären Systems wie in Singapur entwickeln.

3.3.3 Unternehmertum und soziale Verantwortung

Viele mittelständische Unternehmen der VR China sind Teil eines Netzwerkes aus Zuliefererbetrieben großer internationaler Konzerne und übernehmen die arbeitsintensiven Aufgaben innerhalb der globalen Wertschöpfungskette. Dies lässt sich auf die schwere Kapitalbeschaffung, die einen Einstieg in technologisch fortschrittlichere Bereiche behindert, aber auch auf den Lohnkostenvorteil im internationalen Vergleich zurückführen. In der westlichen Gesellschaft ist die Übernahme sozialer Verantwortung durch Unternehmen fest verankert, auch wenn dies, laut kritischer Stimmen, hauptsächlich auf nationalen Arbeitsgesetzen oder Marketingstrategien der jeweiligen Unternehmen basiert. Dennoch hat der öffentliche Druck westlicher Verbraucher, gemeinsam mit den Beobachtungen der UN, dazu geführt, dass gerade die als Zulieferer tätigen Unternehmen in der VR China vermehrt auf ihr soziales Verantwortungsbewusstsein hin beobachtet werden. Diese Art der Überwachung wäre sicherlich auch bei einigen internationalen Konzernen von Vorteil für die Gesellschaft. In den letzten Jahren war die Übernahme sozialer Verantwortung durch chinesische mittelständische Unternehmen immer wieder Thema verschiedenster internationaler Kongresse, wie zum Beispiel dem Weltgipfel zur nachhaltigen Entwicklung.[1]

Die verbesserungswürdigen Bereiche sind meist wenig abstrakt und betreffen die Arbeitsbedingungen, sowie den generellen Umgang mit dem Produktionsfaktor Mensch. So arbeiten viele Angestellte unter mangelnden Sicherheitsbedingungen, bei schlechter Bezahlung und ohne jegliche soziale Sicherungssysteme. Zudem schränken mittelständische Unternehmen nicht selten die persönliche Freiheit ein, indem sie die Ausweise

---

[1] Vgl. Lai (2006), S. 19

ihrer Arbeiter einbehalten.[1] Diese Vorgehensweisen stellen in der Regel einen Verstoß gegen chinesische Gesetzte dar, werden aber nur selten als solche geahndet. Da mittelständische Unternehmen einen wesentlichen Arbeitgeber und einen ökonomischen Entwicklungsmotor darstellen, kann gerade hier durch die Verbesserung der Arbeitsbedingungen, aber auch im Folgeverlauf durch die Schaffung eines Umweltbewusstseins, großer Einfluss auf die Gesellschaft genommen werden. Bisher ist die Übernahme sozialer Verantwortung durch Unternehmen eher gering ausgeprägt, was in Anbetracht des wirtschaftlichen Entwicklungsstatus der VR China nicht überrascht. Als erster Schritt in die richtige Richtung werden die sozialen und ökologischen Probleme inzwischen untersucht und auch von Seiten der chinesischen Regierung her, zumindest in Grundzügen, offen gelegt. So erschien 2004 eine Studie des Entwicklungsinstitutes der VR China, die unter dem Titel ‚Driving forces of CSR in China' wesentliche Hindernisse ökonomischer, politischer und bildungstechnischer Natur an der Übernahme sozialer Verantwortung durch mittelständische Unternehmen aufzeigt.[2] Unterstützt wird diese, im Folgenden dargestellte Einschätzung, durch verschiedenste Recherchen der chinesischen Zeitung ‚Think Tank', deren Artikel auf das Thema Firmenmanagement spezialisiert sind.

Aus dieser Studie geht hervor, dass aus ökonomischer Sicht vor allem die lediglich kurzzeitig geplante Zusammenarbeit von Firmen zu mangelndem sozialen Verantwortungsbewusstsein beiträgt. Unternehmer können es sich bei ständig wechselnden Verträgen nicht leisten in die sozialen Standards, und somit langfristig, zu investieren. Diese zusätzlichen Kosten würden sich negativ auf die Auftragserteilung und die Chancen, sich als Unternehmen am Markt zu behaupten, auswirken. Zwar erwarten immer mehr internationale Konzerne von ihren Zulieferern die Einhaltung bestimmter Standards, setzen aber gleichzeitig kaum einzuhaltende Erwartungen an Preis und Lieferzeit, so dass die mittelständischen Unternehmen enorm unter Druck stehen.

Ein ähnliches Phänomen zeigt sich bei der Betrachtung der ermittelten politischen Hemmfaktoren sozialer Verantwortung. Regierungsverantwortliche Personen einzelner Bezirke versuchen, in Konkurrenz zueinander, Investoren zu gewinnen und haben häufig vermehrt kurzfristigen Erfolg als langfristig nachhaltige Entwicklung im Sinne. Aus diesem Grund fehlt es oft an der strengen Einhaltung vorgegebener Gesetze, zudem

---

[1] Vgl. Lai (2006), S 6 ff.
[2] Vgl. IED/LEAD-China (2004)

erfüllt die Regierung an sich keine Vorbildfunktion bei der Übernahme sozialer Verantwortung. Qi Lai merkt an dieser Stelle an, dass die mit sozialer Verantwortung verknüpften Konzepte auf westlicher Demokratie, Freiheit und der Einhaltung von Menschenrechten basieren und somit innerhalb des bestehenden politischen Systems nicht gewünscht sind.[1] Betrachtet man in diesem Zusammenhang, das auch im japanischen bekannte Bild eines Unternehmers als Vaterfigur, kann man dieser Aussage nur bedingt zustimmen.

Neben den politischen und ökonomischen Gründen wird als letzter Faktor auch mangelnde Kenntnis bezüglich der Unterstützungsmöglichkeiten und der Folgeprobleme bei der Nichtbeachtung sozialer Richtlinien als Grund für fehlendes Engagement aufgeführt. Bisher ist das Thema ‚Soziale Verantwortung' in den meisten Universitäten nicht in den Lehrplan integriert. Allerdings wird die Verantwortung gegenüber Untergebenen, also auch gegenüber Angestellten, durch die in der Erziehung vermittelten Lehren des Konfuzius bereits von Kindesalter an thematisiert. Nach den Ansichten des Philosophen ist die Macht des Anführers nur legitimiert durch dessen Aufrichtigkeit und Fürsorge gegenüber dem ihm Folgenden. Nach 117. Lunyu 8.2 wird unter den Untertanen tugendhaftes Verhalten herrschen, solange der Herrscher sich seiner Umgebung gegenüber verlässlich verhält.

Auch wenn zusammenfassend festzuhalten ist, dass eine Übernahme sozialer Verantwortung durch mittelständische Unternehmen wie in westlichen Industrieländern, in der VR China noch nicht vorhanden ist, gibt es doch Anhaltspunkte, die auf eine positive Entwicklung hindeuten. Der Trend bei internationalen Wirtschaftsverflechtungen geht ganz klar hin zu langfristigen zuverlässigen Geschäftbeziehungen, deren Aufbau sich auch an der Einhaltung bestimmter Richtlinien und dem Erlangen von Zertifikaten für soziales Handeln orientiert. Gerade auch im Hinblick auf die olympischen Spiele, die dieses Jahr in China stattfinden und die gesellschaftliche Situation der VR China in den internationalen Fokus schieben, legen westliche Hersteller besonderen Wert auf die Einhaltung sozialer Standards bei ihren Zulieferern. Im Zuge dieser Entwicklung stellen viele chinesische mittelständische Unternehmen die Vorteile sozialen Engagements fest und können unter anderem durch Verbesserung der Arbeitsbedingungen ihre Produktivität steigern.[2] Der häufig anfallenden Kritik außen stehender Beobachter an den

---

[1] Vgl. Lai (2006), S. 11
[2] Vgl. Lai (2006), S. 12 ff.

sozialen Zuständen innerhalb chinesischer Unternehmen sind also die positiven Entwicklungstrends von Chinas noch junger sich entwickelnder Wirtschaft entgegenzustellen. Es scheint, als würde oft vergessen, dass sich das gesamte wirtschaftliche System Chinas noch im Aufbau befindet und es anmaßend wäre zu schnell zu viel zu verlangen oder einer natürlichen Entwicklung im Zuge der Marktwirtschaft vorzugreifen.

4 Die Rahmenbedingungen mittelständischer Unternehmen in der VR China

4.1 Gesetzliche Grundlagen unternehmerischen Handelns

In modernen Industrienationen ist das Umfeld unternehmerischen Handelns in einen Rahmen verschiedenster Gesetze eingebunden, der verbindliche Leitlinien für alle Organisations- und Handlungsfelder eines Unternehmens vorgibt. Als sich neu entwickelnde Marktwirtschaft kann die VR China nicht auf historisch gewachsene gesetzliche Vorschriften zurückgreifen, sondern musste die wesentlichen juristischen Grundlagen eines Unternehmensumfeldes in den letzten Jahrzehnten neu entwerfen. Dabei kam erschwerend hinzu, dass ein wesentlicher Grundpfeiler rechtlichen Handelns, das Vertragsrecht, nur schwer innerhalb einer Gesellschaft zu verankern ist, die lieber auf Guan-xi als Sicherheit einer Absprache zurückgreift. Dennoch ist es gelungen einen, auch nach westlichen Standards, umfangreichen und sinnvollen Rahmen unternehmerischen Handelns zu schaffen, dessen vier wesentlichste Komponenten, in diesem Abschnitt vorgestellt werden. Dabei steht, im Gegensatz zu vielen anderen Berichten über die Gesetze der VR China, vor allem die Perspektive des chinesischen Unternehmers im Mittelpunkt und nicht die Frage in wie weit Menschenrechte oder Verbraucherschutz verankert sind.

4.1.1 Das Unternehmensgesetz

Das Unternehmensgesetz der VR China wurde in der dritten und heutigen Version in der 18. Sitzung des 10. Nationalen Kongresses der VR China am 27. Oktober 2005 verabschiedet und trat mit Beginn des Jahres 2006 in Kraft. Es gilt als das Hauptregelwerk unternehmerischen Handelns und legt in 219 Artikeln die Rahmenbedingungen für Unternehmen auf chinesischem Territorium fest. Der erste Artikel fasst diese Aufgaben im Sinne der chinesischen Regierung, vor allem auch im Sinne Hu Jintaos, der das neue Gesetz bereits in der Entstehungsphase unterstützt hat, wie folgt zusammen:

„Das Gesetzt wurde ausgearbeitet um die Organisation und das Handeln von Unternehmen zu regulieren und die gesetzlichen Rechte und Interessen von Unternehmen,

Aktionären und Gläubigern zu schützen. Dabei soll die sozialistische Marktordnung stets aufrechterhalten werden und die sozialistische Marktwirtschaft gefördert und weiterentwickelt werden."[1]

Im Mittelpunkt steht laut dieser Aussage also nicht ausschließlich die Förderung und der Schutz von Unternehmen, sowie deren Umfeld, sondern auch die Aufrechterhaltung und Weiterentwicklung des gesellschaftlichen und politischen Systems. Der damit verbundene Akt der Balancefindung zwischen der Gewährung wirtschaftlicher Freiräume in Form allgemeingültiger Regeln und der Sicherung des diktatorischen Systems spiegelt sich also ebenso in der Gesetzgebung wie in der Geschichte der VR China wieder.

Kapitel	Inhalt
1	Allgemeine Vorschriften
2	Gründung und Organisationsstruktur einer LLC
3	Übertragung des Aktienrechts auf eine LLC
4	Gründung und Organisationsstruktur einer JSLC
5	Emission und Übertrag von Aktien einer JSLC
6	Qualifikationen und Verpflichtungen von Direktoren, Vorgesetzten und Bereichsleiter
7	Unternehmensanleihen
8	Bankgeschäfte und Buchführung von Unternehmen
9	Zusammenschlüsse und Aufteilungen von Unternehmen; Erhöhung und Minderung von registriertem Kapital
10	Auflösung und Liquidierung eines Unternehmens
11	Zweigstellen ausländischer Unternehmen
12	Rechtliche Haftung
13	Ergänzende Vorschriften

Abbildung 14: Struktur des Unternehmensgesetz der VR China
Quelle: SAIC (2005), eigene Darstellung

Das Unternehmensgesetz gliedert sich in 12 Kapitel, von denen einige wiederum in mehrere Einzelabschnitte unterteilt sind. Bevor die für chinesische mittelständische Unternehmen besonders wesentlichen Gesetze einzeln erörtert werden, soll Abbildung 14

---

[1] SAIC (2005)

einen Überblick über den generellen Inhalt und den Aufbau des Unternehmensgesetzes der VR China geben.

Auffallend an dieser aktuellen Version des Unternehmensgesetzes ist, besonders auch im Vergleich zu früheren Gesetzestexten, die Tendenz hin zur Schaffung einer unabhängigen Unternehmenskörperschaft im westlichen Sinne (Vgl. Kapitel 3.2.3).[1] Besonders für die Entstehung privater Unternehmen spielen die zur Gründung vorgeschriebenen Voraussetzungen eine entscheidende Rolle bei unternehmerischen Entscheidungen. In diesem Bereich versucht das Gesetz den Unternehmern, mit dem Ziel einer vielfältigen Unternehmenslandschaft, unterstützend entgegen zu kommen. Vor der Reform des Unternehmensgesetzes gab es, je nach Tätigkeitsbranche, verschiedene Untergrenzen an einzutragendem Kapital. Diese lagen zwischen 100000 RMB und 500000 RMB für LLCs und bei 10 Mio. RMB für JSLCs. Inzwischen liegt die Grenze der Mindeststammeinlage mit einheitlichen 30000 RMB für LLCs und 5 Mio. RMB für JSLCs deutlich niedriger, sodass geringere private Mittel ausreichen um als Unternehmer Teil der chinesischen Wirtschaft zu werden.[2] Dieser Reformschritt soll Investitionen fördern und dadurch neue Arbeitsplätze schaffen. Unterstützend wurden gleichzeitig die Rechte kleiner und mittelgroßer Aktionäre gestärkt.[3]

Die zur Unternehmensgründung benötigte Stammeinlage kann, laut Unternehmensgesetz, in einer Art Ratenzahlung, während der ersten zwei Jahre nach Registrierung des Unternehmens geleistet werden, solange bei Gründung mindestens 20% des erforderlichen Stammkapitals vorhanden sind.[4] Dabei werden neuerdings nicht nur Geldmittel berücksichtigt, sondern es können bis zu 70% auch nicht monetäre Wertgegenstände, wie z.B. Eigentumsrechte oder Ländereien angerechnet werden.[5]

Weitergehend interessant für die Entwicklung größerer mittelständischer Unternehmen ist das Kapitel über die Verpflichtung von leitenden Persönlichkeiten innerhalb eines Unternehmens. Hierin wird als Neuerung festgelegt, dass jetzt auch der Betriebsführer oder ein frei gewählter Manager die Funktion des Rechtsträgers eines Unternehmens einnehmen darf. Früher war diese Aufgabe dem Vorstandsvorsitzenden vorbehalten,

---

[1] Vgl. Pinsent Masons (2005)
[2] Vgl. Pinsent Masons (2005)
[3] Vgl. China Economic Net (2005)
[4] Vgl. Law Bridge (2005)
[5] Vgl. Deacons (2006)

sodass eine Abgabe von Verantwortung oder die Aufteilung von Verantwortlichkeiten innerhalb des Unternehmens kaum möglich war.[1]

Als letzte wesentliche Bestimmung bei der Führung und Weiterentwicklung von Privatunternehmen seien die Gesetze über die Investitionsmöglichkeiten von Unternehmen herausgestellt. Laut der entsprechenden Kapitel des Unternehmensgesetzes ist es inzwischen auch Unternehmen erlaubt ohne gesetzliche Einschränkungen in andere Unternehmen zu investieren, solange dabei keine Mithaftung für eventuelle Schulden übernommen wird.[2]

Zusammenfassend kann an dieser Stelle festhalten werden, dass das Gesetz die Entstehung und Entwicklung privater Unternehmen durch viele Richtlinien begünstigt und dabei auch die Eingliederung und Verflechtungen verschiedener Unternehmen fördert. Viel wichtiger als konkrete Gesetzesinhalte ist aber bereits die Tatsache, dass ein solches Unternehmensgesetz als relevant angesehen und vor Gericht umgesetzt wird. Es gibt, auch bedingt durch die bereits diskutierte Vergangenheit der VR China, kaum eine bessere Möglichkeit die Entwicklung mittelständischer Unternehmen zu fördern, als durch die Vorgabe klarer Richtlinien und verbindlicher Gesetze.

4.1.2 Unternehmensbesteuerung

Das chinesische Steuersystem wurde im Jahr 1994 umfassend reformiert und seither in regelmäßigen Abständen den Bedürfnissen der wachsenden Volkswirtschaft unter Berücksichtigung der Richtlinien einer sozialen Marktwirtschaft angepasst. Insgesamt gibt es 26 verschiedene Steuerarten, die übergreifend in sieben Kategorien eingeteilt werden können: Umsatzsteuer, Einkommensteuer, Ressourcensteuer, spezielle Steuer, Eigentumsteuer, Verhaltenssteuer und Landwirtschaftssteuer. Einen umfassenden Überblick bietet ein im Anhang 4 befindliches Schaubild, welches alle existierenden Steuern der VR China darstellt.

Für einen chinesischen Unternehmer sind ins Besondere die Einkommensteuer, aber auch die speziellen Steuern interessant, weswegen sich dieser Abschnitt hauptsächlich diesen beiden Besteuerungsarten widmet. Selbstverständlich spielen bei der Unterneh-

---

[1] Vgl. Deacons (2006)
[2] Vgl. SAIC (2005)

mensgründung und -führung, je nach Branche, auch die anderen Steuerarten eine nicht zu vernachlässigende Rolle, wie z.b. die Ressourcensteuer beim Besitz von Immobilien oder die Umsatzsteuerentwicklung bei der Wahl einer Verkaufsstrategie.

Die Einkommensteuer der VR China gliedert sich in eine Einkommensteuer für Unternehmen, eine individuelle Einkommensteuer und eine Einkommensteuer für Unternehmen mit ausländischer Beteiligung, dieser kommt bei der Betrachtung chinesischer mittelständischer Unternehmen allerdings keine Relevanz zu. Die Unternehmensbesteuerung betrifft dabei private und staatliche Betriebe gleichermaßen und bezieht sich auf das gesamte international erzielte Einkommen. Als Bemessungsgrundlage dient dabei das jährliche Einkommen, welches, abzüglich eventueller absetzungsfähiger Beträge, mit 33% besteuert ist. Von der Steuer absetzen lassen sich unter anderem Ausgaben zur Mitarbeiterausbildung, Gewerkschaftsbeiträge, Kreditzinsen und Spenden. Innerhalb eines gewissen gesetzlichen Rahmens wird so die nachhaltige und soziale Unternehmensentwicklung gefördert.[1]

Laut der chinesischen Zeitschrift ‚Xinhua' zahlt ein chinesisches Unternehmen nach Nutzung aller Möglichkeiten zur Steuervermeidung im Schnitt etwa 25% Einkommensteuer. Dieser Steuersatz lag bis Anfang des Jahres 2008 deutlich über der Einkommensteuerquote ausländischer Unternehmen, die etwa 15% betrug. Um diese Ungleichheit, ursprünglich gedacht zur Attraktivitätssteigerung des Standortes China im internationalen Vergleich, zu relativieren, wurden die Steuersätze ausländischer Unternehmen erhöht und so die Wettbewerbschancen inländischer Unternehmen gesteigert. Dabei ist, auf Grund spezieller staatlicher Förderung, vor allem ein zunehmendes Engagement der Unternehmen in Projekten aus den Bereichen Umweltschutz, Wasseraufbereitung, sozialer Wohlstand und Hochtechnologie zu beobachten. Chinas Finanzminister sieht die heute gültigen Richtlinien der Unternehmensbesteuerung als ein Zeichen der Reife und Standardisierung des Wirtschaftssystems der VR China.[2]

Neben den für ein Unternehmen fälligen Steuern unterliegt jeder Bürger der VR China der individuellen Einkommensteuer. Diese ist abhängig vom Lohn bzw. Gehalt und liegt zwischen 5% und 45% bei angestellten Arbeitnehmern. Für das persönliche

---

[1] Vgl. SAT (2007a)
[2] Vgl. People's Daily (2007), S. 2

Einkommen aus Privatunternehmen oder durch Managertätigkeiten, wie es sich bei Gründern mittelständischer Unternehmen häufig findet, gelten die in Abbildung 15 dargestellten Steuersätze.[1]

	Zu versteuerndes Jahreseinkommen	Steuerrate
1	< 5000 RMB	5%
2	< 10000 RMB	10%
3	< 30000 RMB	20%
4	< 50000 RMB	30%
5	> 50000 RMB	35%

Abbildung 15: Individuelle Einkommensteuersätze für Unternehmenseinkünfte
Quelle: Novexcn (2008), eigene Darstellung

Die bis jetzt diskutierten Steuern sind weniger in der Planungsphase eines Unternehmens, als vielmehr im laufenden Betrieb einer Unternehmung relevant und können Einfluss auf die Konkurrenzfähigkeit sowie die Produktauswahl haben. Spezielle Steuern hingegen können schon bei der Standortwahl oder den Überlegungen zur Finanzierung eine Rolle spielen. Sie fallen in vielseitigen Varianten, z.B. zu Zwecken der Stadterhaltung oder der Regulierung von Anlagebeträgen, an und variieren in verschiedenen Landkreisen stark.[2] Über die genauen Kennwerte liegen keine Daten vor, was entweder auf fehlende Veröffentlichungen oder auf undurchsichtig, häufig wechselnde Angaben zurückgeführt werden kann. Abschließend lässt sich dennoch sagen, dass das Steuerrecht für Unternehmen, trotz einiger willkürlich wirkender Sondersteuern, auf deren Konstanz nur eingeschränkt Verlass ist, einfach und übersichtlich wirkt und inzwischen in seiner Ausprägung darauf ausgerichtet ist nicht mehr nur internationale, sondern auch einheimische Privatunternehmen zu fördern.

4.1.3 Arbeitsschutz- und Sozialgesetze

Mit steigenden Unternehmensgrößen wächst auch die Bedeutung von Regulierungen, die das Verhältnis zwischen Arbeitgeber und Arbeitnehmer festlegen. Diese Richtlinien mussten in China, wie die meisten der hier angeführten Gesetze, mit dem Aufbau einer sozialistischen Marktwirtschaft erst geschaffen oder angepasst werden. Gerade Sozial-

---

[1] Vgl. SAT (2007b)
[2] Lin, Harrison

und Arbeitsrecht wurde lange in den Hintergrund gestellt, um den Standortvorteil billiger Lohnkosten und einfacher Personalentscheidungen nicht zu gefährden. Zudem gestaltete es sich in diesem Rechtsbereich als sehr schwierig, das früher zentral gesteuerte Entscheidungssystem, das unter anderem für die Vergabe von Arbeitsplätzen, die Bereitstellung von sozialen Hilfsmittel und die Vermittlung medizinischer Einrichtungen zuständig war, entsprechend der schnell wachsenden Privatwirtschaft zu transformieren. Selbstständige Unternehmer nützten diese rechtliche Grauzone lange aus, in dem sie in ihren Unternehmen, ohne staatliche Einschränkungen, eigene arbeitsrechtliche Rahmenbedingungen formulierten, Arbeitsverträge verweigerten oder Lohnzahlungen aufschoben.[1]

Seit dem Jahr 1995 regelt das nationale Arbeitsgesetz der VR China, unterstützt von regionalen Vorschriften und einer Vielzahl an speziellen Gesetzestexten, die Hauptaspekte aller Arbeitsverhältnisse, sowie die Funktionsweise sozialer Sicherungssysteme. Bevor im Folgenden auf einzelne Abschnitte des Gesetzes eingegangen wird, liefert Abbildung 16 einen Überblick über den Inhalt der in 13 Kapitel gegliederten 107 Artikel.

Kapitel	Inhalt
1	Allgemeine Vorschriften
2	Förderung der Beschäftigung
3	Arbeitsverträge und Genossenschaftsverträge
4	Arbeitszeit, Pausen und Kündigungen
5	Arbeitslöhne
6	Arbeitssicherheit und Hygiene
7	Spezieller Schutz weiblicher Arbeiter und Angestellter, sowie jugendlicher Arbeiter
8	Berufsausbildung
9	Sozialversicherung und Fürsorge
10	Arbeitsstreitigkeiten
11	Überwachung und Inspektion
12	Gesetzliche Verpflichtungen
13	Ergänzende Bestimmungen

Abbildung 16: Struktur des Arbeitsgesetzes der VR China
Quelle: Lehmann, Lee & Xu (2008)

---

[1] Brown (2006), S. 1

Bei Betrachtung der Inhaltsangaben einzelner Kapitel lässt sich ein durchaus vollständiges und umfassendes Gesetz erkennen, das die meisten Aspekte bezüglich Zusammenarbeit und Umgang mit Angestellten regelt. Für Unternehmer bedeutet dieses Gesetz, dass der Produktionsfaktor Mensch nicht mehr, wie häufig geschehen, nach freiem Belieben eingesetzt und behandelt werden kann, sondern dass die Arbeitsumwelt der Angestellten und die mit ihnen getroffenen Vereinbarungen klaren Richtlinien unterliegen. So regelt das Gesetz zum Beispiel, dass Arbeitnehmer in der Regel nicht über 40 Stunden pro Woche arbeiten dürfen, mindestens einen Tag in der Woche frei haben sollen und nur bei ganz bestimmten Verstößen fristlos entlassen werden können. Des Weiteren werden Mindestlöhne vorgeschrieben, die der Ausnutzung günstiger Lohnkosten eine Untergrenze setzen.[1] Festgelegt durch zusätzliche lokale Bestimmungen, muss ein Arbeitgeber in der Sonderwirtschaftzone Shenzhen seinen Angestellten im Jahr 2003 wenigstens 600 RMB pro Monat bezahlen.[2] Dabei muss das Arbeitsumfeld den chinesischen Standards entsprechen, so dass das Leben der Arbeiter zu keinem Zeitpunkt gefährdet wird, weder durch mangelnde Schutzvorrichtungen noch durch fehlende hygienische Einrichtungen. Es ist also nicht mehr möglich ein Unternehmen ohne jegliche Investitionen in den Arbeitsbereich der Angestellten zu führen. Westliche Beobachter und chinesische Arbeitsrechtler würden die Gültigkeit dieser Aussage sicherlich in höchstem Maße kritisieren und in der Tat kann man den chinesischen Standard wohl kaum an westlichen Richtlinien messen. Dennoch gib es entsprechende umfassende Vorschriften innerhalb des Gesetzes, die von Unternehmern einzuhalten sind und ihr Handlungsumfeld dadurch mitbestimmen. Chinesische Arbeitnehmer sind damit bereits heute deutlich besser abgesichert und geschützt als Arbeiter vieler anderer Schwellenländer.

Neben den einzuhaltenden Richtlinien und den festgesetzten Mindestlöhnen sind für Unternehmer, in China ebenso wie in Deutschland, die Lohnnebenkosten von großer Relevanz. In diesem Bereich, den das Arbeitsgesetz der VR China nur grundlegend regelt, wird momentan eine weit reichende Änderung diskutiert, die die Position der Arbeitgeber schwächen soll und die sozialen Sicherungssysteme stärken. Ein neues Gesetz soll Arbeitern, die länger als 10 Jahre in einem Unternehmen gearbeitet haben, das Recht auf einen unbefristeten Vertrag einräumen. Zudem erhöht es den Arbeitgeberanteil an Kranken- und Sozialversicherungsbeiträgen und zwingt Unternehmen bei

---

[1] Lehmann, Lee & Xu (2008)
[2] Vgl. China Labor Watch (2008)

Kündigungen zu einem Monat Lohnfortzahlung je in der Firma gearbeitetes Jahr. Experten vermuten hierdurch einen Anstieg der Lohnkosten um bis zu 25% und sehen eine Gefahr für mittelständische Unternehmen, besonders der Zulieferindustrie, deren Produktion in China durch höhere Kosten nicht mehr rentabel sein könnte. Dem entgegen steht die Meinung chinesischer Ökonomen, die in der Steigerung von Arbeitssicherheit und sozialen Ausgleichszahlungen eine Konsumsteigerung und somit einen höheren Umsatz der Unternehmen prognostizieren.[1]

Zusammenfassend kann festgestellt werden, dass inzwischen auch in China umfassende Richtlinien im Bereich des Arbeits- und Sozialrechts existieren, auf die sich chinesische Unternehmer einstellen müssen. Profitieren bisher hauptsächlich die Arbeitnehmer von neuen Gesetzen und verschärften Richtlinien, werden in Zukunft sicherlich auch Unternehmen die Vorteile einer Verstärkung der rechtlich festgelegten Schutz- und Sicherungsmaßnahmen erkennen. Positive Auswirkungen sind langfristig vor allem in der Reduzierung der Arbeiteraufstände, von denen es im Jahr 2003 in der gesamten VR China immerhin 144621 gab[2], und einer loyaleren und produktiveren Einstellung der Arbeitnehmer zu erwarten, wie sie auch in westlichen Ländern teilweise wieder vermehrt wünschenswert wäre.

4.1.4 Eigentums- und Patentrecht

Das Eigentums- und Patentrecht der VR China wurde erstmals im Jahre 1984 ausformuliert und seither mehrfach angepasst. In der jüngeren Geschichte Chinas trug vor allem der Beitritt zur WTO, und die damit verbundene Verpflichtung unter der Einhaltung des TRIPS Abkommen ein adäquates international angemessenes Eigentums- und Patentrecht zu schaffen, zum Ausbau der Gesetze bei. Dabei erkennt die KPCh die Notwendigkeit dieser Gesetze zur Bildung einer kreativen, innovativen und erfolgreichen Gesellschaft offiziell an und formuliert in einer nationalen Eigentumsstrategie ehrgeizige Ziele. Folgender Absatz stellt das langfristige Ziel der Regierungsbemühungen dar.

„Im Jahre 2020 wird die VR China ein Land mit einem vergleichsweise hohen Standard an Gestaltung, Anwendung, Schutz und Verwaltung von Eigentumsrechten sein. Das

---

[1] Vgl. Financial Express (2007)
[2] Vgl. Gallagher (2002), S.1

rechtliche Umfeld der Eigentumsrechte wird deutlich besser sein, ebenso wie die Marktbedingungen zur Gestaltung, zur Anwendung und zum Schutz von Eigentumsrechten. Das öffentliche Bewusstsein gegenüber geistigen Eigentums soll stark wachsen, die Qualität und Quantität von selbst erschaffenem geistigem Eigentum wird China maßgeblich auf dem Weg hin zu einem innovativen Land unterstützen. Die neue Stellung des geistigen Eigentums fördert die wirtschaftliche Entwicklung, was in kultureller Vielfalt und sozialem Fortschritt sichtbar sein wird."[1]

Diese veröffentlichten Absichten der chinesischen Regierung sprechen nicht nur für einen zukünftigen Ausbau der Eigentums- und Patentrechte, sondern vor allem für den Wunsch nach einer vielseitigen gründungs- und erfinderfreundlichen modernen Gesellschaft, deren wirtschaftlicher Erfolg auf eigenen geistigen Fortschritten beruht. Mittelständischen Unternehmen kommt diese Entwicklung sicherlich zu gute, denn gerade im Hinblick auf die steigenden Lohnkosten ist es wichtig auch in innovativen Branchen erfolgreich zu sein. Allerdings sei gerade im Bereich der Eigentums- und Patentrechte darauf hingewiesen, dass der Entwicklung ein gesellschaftliches und ethisches Umdenken vorausgehen muss. Nach den Richtlinien des Konfuzius wird höheres Wissen durch kopieren einer erfolgreichen Handlung erlangt, was heißt, dass es für den Erfinder eine große Ehre darstellt kopiert zu werden. Diese Philosophie steht einem Unrechtsbewusstsein bei Nachahmungen entgegen und sollte bei allen Beurteilungen und Schritten zur Modernisierung mit beachtet werden.

Momentan existieren drei nationale Gesetze, die das Einhalten und Erlangen von geistigem Eigentum regeln. Diese werden, wie die meisten Gesetze der VR China, von zahlreichen Sonderregelungen und regionalen Abweichungen begleitet. Das Markenschutzgesetz der VR China regelt die Sicherung und Verwaltung von Markenrechten. Dabei wird auch die Produktqualität und der Ruf einer Marke berücksichtigt um Konsumenten zu schützen und die Entwicklung der sozialistischen Marktwirtschaft zu begünstigen.[2] Neben dem Markenschutzgesetz gibt es seit 1992 ein Gesetz zum Schutz der Urheberrechte, welches hauptsächlich durch bilaterale Vereinbarungen und Regelungen zum Schutz ausländischer Urheber eingeführt wurde. Zentrales Thema zum Zeitpunkt der

---

[1] Vgl. SIPO (2008a)
[2] Vgl. Trade Mark (2008)

Einführung waren die fehlenden Urheberrechte für Computersoftware, die bis zu diesem Zeitpunkt in der VR China ohne rechtliche Verstöße kopiert und vervielfältigt werden durfte.[1]

Das für Gründer und Innovatoren bedeutendste Gesetz, welches die Entwicklung von Wissenschaft und Technologie begünstigt, ist das Patentrecht. Es ist, verglichen mit den anderen Gesetzen, konkreter formuliert und lässt eine gleichzeitige Registrierung in mehreren Staaten zu. Über das staatliche Eigentumsbüro können Patente für Erfindungen, Gebrauchsmuster und Designs beantragt werden, solange diese nicht gegen staatliche Gesetze verstoßen oder in eine gesperrte Kategorie, wie z.B. Heilungsmethoden von Krankheiten, fallen. Die Laufzeit für ein gewährtes Patent beträgt bei Erfindungen 20 Jahre, bei Gebrauchsmustern und Designs 10 Jahre. Während dieser Zeit ist der Patentinhaber zu einer jährlichen Zahlung verpflichtet, deren Ausbleiben eine Auflösung des Patentrechts zur Folge hat.[2] Das chinesische Patentrecht erinnert in vielen Ausprägungen an das Patentrecht der BRD und bietet Erfindern ein Umfeld in dem es sich lohnt tätig zu werden, um im Anschluss mit einer Unternehmensgründung erfolgreich Geld zu verdienen. Dabei kommt das staatliche Eigentumsbüro den Beantragenden eines Patents mit verhältnismäßig unbürokratischen Abläufen und der Möglichkeit auch online seine Erfindung vorzustellen entgegen. Die Parallelen deutscher und chinesischer Gesetzestexte auf dem Gebiet der Eigentums- und Patentrechte lassen sich auf einen Rezeptionsprozess der Rechtskulturen, ähnlich dem von Prof. Ulrich Becker beschriebene Wissensaustausch auf dem Gebiet des Sozialrechts[3], zurückführen. Seit 2006 besteht zwischen dem deutschen und dem chinesischen Patentamt eine Vereinbarung mit dem Ziel in enger Zusammenarbeit bestmöglichen Patentschutz zu gewährleisten.[4]

Um den Erfinderreichtum und den Fortschritt in der Nutzung geistiger Eigentumsrechte zu verdeutlichen, vergleicht Abbildung 17 die Patentanmeldungen der BRD mit denen der VR China. Es handelt sich dabei bei beiden Ländern um Kennziffern aus dem Jahr 2007. Allerdings ist anzumerken, dass es sich bei den Werten der VR China lediglich um Patentanmeldungen chinesischer Bürger handelt und die Werte der BRD alle Patentanmeldungen in der BRD zusammenfassen. Zudem lassen die Statistiken des

---

[1] Lin, Harrsion
[2] SIPO (2000)
[3] Vgl. Becker (2005)
[4] Vgl. Krempl (2006)

Deutschen Patent- und Markenamtes keine vergleichbare Unterteilung in die verschiedenen Charakteristika der Patente zu.

		Erfindungen	Gebrauchsmuster	Design	Nicht-Service[1]	Gesamt
VR China	Beantragte Patente	19695	20192	33307	35148	586734
	Genehmigte Patente	3438	13880	10354	14797	301632
BRD	Beantragte Patente	-	-	-	-	60992
	Genehmigte Patente	-	-	-	-	18218

Abbildung 17: Patentaktivitäten der BRD und der VR China 2007
Quelle: Deutsches Patent- und Markenamt (2008)/SIPO (2007a)/SIPO (2007b)

Aus den aufgeführten Zahlen lässt sich ablesen, dass die Bürger und Unternehmer der VR China großes Engagement im Bereich der Neuentwicklungen zeigen und das Mittel der Patentanmeldung scheinbar anerkennen. Diese Entwicklung zeigt sich auch in der Wachstumsrate der Patentanmeldungen chinesischer Bürger, die seit dem Jahr 2000 bei durchschnittlich 25% liegt.[2] So hat sich die Anzahl der Patentanmeldungen in den letzten 8 Jahren mehr als verzehnfacht. Dabei entfallen mehr als 80% der Anmeldungen auf lokale Unternehmen, immerhin 10% der Patente werden von Universitäten beantragt.[3]

Kritisch ist dem fortgeschrittenen und strengen Eigentums- und Patentrecht die tatsächliche Umsetzung entgegenzustellen. Viele Experten bemängeln, dass es für Unternehmer schwierig ist, den Patentschutz auf Grund langer und kostspieliger Gerichtsverfahren tatsächlich einzufordern. Allerdings ist die VR China, wie bereits erwähnt, auf dem besten Weg und sehr bemüht den Vorsprung der westlichen Länder in der Anwendung von Eigentums- und Patentrechten, der immerhin nahezu 100 Jahre beträgt, aufzuholen.[4]

---

[1] Aus den Statistiken und Erklärungen der chinesischen Ämter geht nicht hervor, was genau dieser Bereich eingrenzt. Um die Zahlenangaben nicht zu verfälschen wurde eine direkte Übersetzung aus dem Englischen gewählt.
[2] SIPO (2006)
[3] SIPO (2007a)
[4] Vgl. Schultz (2008)

4.2 Finanzierungsmöglichkeiten mittelständischer Unternehmen

Neben den rechtlichen Rahmenbedingungen können besonders verschiedene Möglichkeiten der Kapitalbeschaffung zur erfolgreichen Weiterentwicklung mittelständischer Unternehmen beitragen. Gerade in den entwicklungsintensiven innovativen Technologiebereichen wird für eine erfolgreiche Unternehmensgründung ein ausreichend hohes Startkapital benötigt. Traditionell bedingt greifen chinesische Unternehmer bei Finanzierungsproblemen gerne auf die Hilfe von Familie und Freunden zurück, deren Mittel in der modernen Volkswirtschaft Chinas aber oft nicht mehr ausreichen um eine Krise auf Grund mangelnder Liquidität oder fehlendem Investitionskapital abzuwenden. Dies war in Zeiten des Mittelstandsaufbaus, als sich Unternehmer größtenteils auf den Dienstleistungssektor konzentrierten, anders. Bedingt dadurch ist der Aufbau eines öffentlichen Förderungssystems noch nicht abgeschlossen. Zudem fällt es vielen Unternehmern schwer bestehende Förderungsmöglichkeiten anzuerkennen und zu nutzen. Dieses Kapitel stellt die wesentlichen Wege der außerfamiliären Kapitalbeschaffung für mittelständische Unternehmer vor und verweist auf insbesondere für junge Unternehmen anfallende Probleme.

4.2.1 Investitionskredite öffentlicher Banken

Neben der Akquise privater Investoren stellt die Anfrage nach einem Kredit bei einer öffentlichen Bank oft die einzige Möglichkeit für Gründer mittelständischer Unternehmen dar, zusätzliches Kapital für den Aufbau oder die Erweiterung eines Unternehmens zu erhalten. Dabei ist es besonders für kleinere oder unbekannte Unternehmen schwierig, sich bei der Vergabe gegenüber den staatlichen Betrieben oder Firmen mit namhaften Referenzen zu behaupten. Trotz der im Vergleich zu staatlichen Betrieben aufblühenden Privatwirtschaft wurden während der ersten 9 Monate des Jahres 2001 lediglich Kredite im Rahmen von 30,7 Mrd. US-$ an private Unternehmen vergeben, staatliche Betriebe erhielten von den Banken 191,7 Mrd. US-$. Damit wuchs das Kreditvolumen für private Unternehmen im Vergleich zum Vorjahr um 7,9%, für staatliche Betriebe um 18,2%. Diese Entwicklung ist damit gegenläufig zum wirtschaftlichen Wachstum der einzelnen Sektoren, und führt, bedingt durch das höhere Risiko der Unterstützung privater Projekte, zu einer verlangsamten Entwicklung des privaten Sektors.[1]

Vertreter der chinesischen Regierung sehen vor allem die konservative Einstellung der Banken, aber auch deren internes Belohnungssystem als Grund für die ungleiche Kreditvergabe. Bankangestellte erhalten, nach einem häufig angewandten Entlohnungssystem, keine Belohnung für die Vergabe sicherer und rentabler Kredite, werden im Gegenzug aber für vergebene Kredite, die nicht zurück gezahlt werden können, bestraft. Da für die Vergabe an staatliche Unternehmen durch staatliche Banken eine Art Garantiesystem der Regierung besteht, werden Angestellte dieser Banken Unternehmen aus dem staatlichen Sektor immer bevorzugt Kredite gewähren.[2]

Für die Schwierigkeiten bei der Eintreibung zusätzlicher Gelder über Bankkredite sind allerdings nicht nur systemtechnische und administrative Probleme verantwortlich, sondern häufig auch, innerhalb der mittelständischen Unternehmen entstehende, hausgemachte Mängel. So klagt Mr. Kwan, stellvertretender Vorstandsvorsitzender der Bank of East Asia, über generelle Versäumnisse während der Antragstellung und strukturelle Organisationsprobleme von KMU. Er sieht sieben entscheidende Faktoren für einen erfolgreichen Prüfungsprozess im Rahmen der Kreditvergabe für KMU durch chinesische Banken[3]:

(1)   Erfahrung des Managements und dessen Glaubwürdigkeit
(2)   Vermögenslage
(3)   Marketingstrategie und Managementorganisation
(4)   Verbindungen in die Industrie
(5)   Rückzahlungsfähigkeit
(6)   Entwicklungsprotokolle der Unternehmen und ihrer Eigentümer
(7)   Hypotheken des Unternehmens

Betrachtet man diese Anforderungen gemeinsam mit dem Entwicklungsstand vieler KMU und der bereits erörterten Ausbildungssituation ihrer Manager kann man sich vorstellen, dass die Mehrzahl der Unternehmen den Ansprüchen der Banken nicht gerecht

---

[1]   Vgl. US-Embassy (2002)
[2]   Vgl. US-Embassy (2002)
[3]   Vgl. Ran (2007)

wird. Oftmals besteht keine Organisationsstruktur, die eine konsequente Berichterstattung zulässt. So erscheinen vor allem Informationen bezüglich der finanziellen Situation eines KMU oftmals undurchsichtig und genügen nicht dem gestellten Anspruch an Genauigkeit und Zuverlässigkeit.

Dennoch berichten Banken von einer, mit zunehmender Entwicklung der Unternehmen, verbesserten Situation, sodass immer mehr Unternehmen das Stadium erreichen, in dem sie für einen Bankenkredit in Frage kommen. Inzwischen gibt es KMU, die nicht nur von chinesischen Banken, sondern auch von ausländischen Banken gefördert werden.[1]

Die Beantragung von Bankkrediten zur Erlangung zusätzlicher finanzieller Mittel wird also auch für mittelständische Unternehmer immer populärer, unterliegt aber vielen Einschränkungen. Zum Aufbau eines noch jungen Unternehmens kommt diese Art der Finanzierung daher nur selten in Frage. Erfolgreiche Unternehmen, deren Strukturen und deren Berichterstattung den Ansprüchen moderner Marktwirtschaften genügen, haben aber immer bessere Chancen ihr Unternehmen durch die Unterstützung von Banken weiter auszubauen und somit auch international konkurrenzfähig zu gestalten.

4.2.2 Staatliche Kreditförderungsprogramm

Um die begrenzten finanziellen Möglichkeiten aller KMU zu erweitern, versucht die chinesische Regierung seit Anfang der 90er Jahre durch spezielle Programme und Förderungsmöglichkeiten die Situation von staatlicher Seite her so gut wie möglich zu verbessern.

Erster Schritt dieser Bemühungen war die Einrichtung eines Netzwerkes von mehr als 200 Agenturen zur Kreditgarantie für KMU. Diese Agenturen entscheiden die Gewährung eines Kredits nicht an Hand frei gewählter Präferenzen, wie die Banken, sondern haben einen Katalog, der genau regelt, welche Unternehmen sich unter welchen Voraussetzungen für einen Kredit bewerben können. Dabei stehen der vom SAIC ermittelte finanzielle Firmenhintergrund und das geplante Projekt, an dessen Durchführung die gewährte Garantie gebunden ist, im Mittelpunkt der Anerkennungskriterien. Erfüllt ein Unternehmen alle Kriterien der Agentur zur Kreditgarantie, kann diese als Sicherheit

---

[1] Vgl. Ran (2007)

bei der Bank angeführt werden und steht für eventuelle Zahlungsausfälle ein. So können Banken auf eine umständliche Prüfung verzichten und ohne eigenes Risiko Gelder für KMU zur Verfügung stellen. Das Modell konnte sich bisher nicht ohne Einschränkungen bewähren, da auf Grund der gestellten Anforderungen lediglich 1% aller KMU der VR China als Nutzer des Systems in Frage kommen. Eine Studie des SAIC hat gezeigt, dass auch innerhalb dieser staatlichen Agenturen manche Unternehmen gegenüber anderen bevorzugt werden. Zudem bemängeln Kritiker, dass Banken durch dieses System das gesamte Risiko einer Kreditgewährung an den Staat abgeben können, Zinsgewinne aber für sich beanspruchen. Zum Ende des Jahres 2002 standen die Agenturen zur Kreditgarantie lediglich für Kredite in der Höhe von 120 Mio. US-$ ein.[1]

Je nach Region gibt es noch weitere staatliche Unterstützung bei der Beantragung eines Bankkredits. So hat die Entwicklungs- und Reformkommission der Stadt Peking eine Vereinbarung mit der Beijing Rural Commercial Bank, die festlegt, dass alle innerhalb von Peking registrierten KMU auf Antrag einen projektbezogenen Kredit mit einer Laufzeit von drei Jahren erhalten. Der benötigte Antrag kann ohne bürokratische Hindernisse online an die Bank übermittelt werden und lässt dem Antragsteller die Wahl zwischen flexiblen Rückzahlungsmodellen. Die städtischen Behörden möchten auf diese Art und Weise vor allem Unternehmen aus den Sektoren Landwirtschaft und Hochtechnologie fördern.[2]

Ein weiteres Förderungsprogramm der chinesischen Regierung, das durch das staatliche Finanzamt betreut wird, stellt einen Fonds für KMU zur Verfügung, dessen Mittel zur Förderung von technologischen Fortschritten und zum Ausbau von Kooperationen der KMU mit großen Unternehmen bereitstehen. Im Rahmen der Förderung stehen für Unternehmen mit einem bisher durchsichtigen Finanzmanagement, einer positiven ökonomischen Entwicklung und guter Zahlungsmoral bis zu 2 Mio. RMB an kostenlosen finanziellen Zuschüssen zur Verfügung. Alternativ können Unternehmen die Übernahme der Zinsen von durch Banken gewährten Krediten über einen Zeitraum von 2 Jahren beantragen. Jedes KMU kann maximal ein Projekt zur Förderung vorschlagen und muss dabei direkt entscheiden, welche Art der Unterstützung gewünscht ist.[3] Diese Förderung

---

[1] Vgl. US-Embassy (2002)
[2] Vgl. Xinhua News Agency (2006)
[3] Vgl. People's Daily (2006)

steht, wie die anderen vorgestellten Möglichkeiten, nur bereits erfolgreichen KMU zur Verfügung, völlig neue Innovationen oder Umstrukturierungen fallen nicht in den Zuständigkeitsbereich.

Um auch Start-up Unternehmen, die für die Entwicklung des gesamten Mittelstands, aber auch des generellen technologischen Fortschritts der VR China von großer Bedeutung sind, zu unterstützen, gibt es zusätzliche Programme der Regierung. Diese beschränken sich in der Regel allerdings auf nicht monetäre Förderungen, wie zum Beispiel der Organisation von Messen als Austauschplattform oder der Veranstaltung von speziellen, kostenfreien Weiterbildungsprogrammen. Nach Angaben der chinesischen Tageszeitung Xinhua stellt der Staat inzwischen auch in diesem Bereich finanzielle Unterstützungsmöglichkeiten zur Verfügung, auf deren nähere Beschreibung wird bei Nennung allerdings verzichtet.[1]

4.2.3 Die Börse für mittelständische Unternehmen

Eine völlig andere Möglichkeit zur Beschaffung von zusätzlichem Investitionskapital stellt die Sonderbörse für KMU in der Provinz Guangdong dar, die am 27. Mai 2004 offiziell eröffnet wurde. Erstmals, seit Wiederherstellung des chinesischen Aktienmarktes im Jahr 1990, haben KMU durch Gründung dieser Subbörse in Shenzhen die Möglichkeit sich an einer Börse notieren zu lassen und durch die Emission von Aktien eine Kapitalerhöhung zu erreichen. Diese Neuerung ist nicht nur ein großer Schritt für die Neuausrichtung und Weiterentwicklung des chinesischen Aktienmarktes, sondern vor allem eine bedeutende Erweiterung der Fundraising-Kanäle von KMU mit klar definierten Kernkompetenzen und hochtechnologischem Hintergrund.[2]

Laut einer Sprecherin des chinesischen Staatsfernsehens repräsentiert der Start der SME-Börse „*eine wichtige Entscheidung der Zentralregierung, ein nachhaltiges Wachstum anzukurbeln und die wirtschaftliche Restrukturierung zu fördern*". Umfragen hatten zuvor ergeben, dass 80% der chinesischen KMU, auf Grund der bereits dargestellten Schwierigkeiten mit Krediten öffentlicher Banken, in einer Kapitalkrise stecken,

---

[1] Vgl. People's Daily (2004)
[2] Vgl. SZSE (2008)

die ihr Wachstum und ihre weitere Entwicklung hemmen. Zumindest für befugte Unternehmen, die den strengen Richtlinien der SME-Börse als direkte Finanzierungsplattform gerecht werden, scheint dieses Problem gelöst zu sein. Dabei werden vor allem Investoren mit großer Risikofreude von der durch kleine Obergrenzen geprägten SME-Börse angezogen.

Indikator	Werte zum Stichtag 04.07.2008	Jahreshoch 2008	Datum des Jahreshoch
Anzahl der geführten Unternehmen	256	256	04.07.2008
Ausgegebenes Kapital (in RMB)	52,783,179,834	52,783,179,834	04.07.2008
Handelsfähiges Kapital (in RMB)	19,701,662,099	19,702,369,281	02.07.2008
Gesamter Marktwert (in RMB)	770,797,192,404	1,155,998,557,005	03.03.2008
Handelbarer Marktwert (in RMB)	281,423,841,026	421,425,456,589	03.03.2008
Handelsvolumen (in RMB)	6,310,834,148	15,369,478,054	17.01.2008
Anzahl gehandelter Aktien	448,250,724	789,032,084	24.04.2008
Anzahl getätigter Transaktionen	534,879	815,258	13.05.2008
Durchschnittliches Kurs-Gewinn Verhältnis	32.58	90.83	15.01.2008
Höchster Preisindex	3,872.49	6,633.12	15.01.2008
Niedrigster Preisindex	3,786.23	6,552.33	15.01.2008
Preisindex bei Börsenschluss	3,818.52	6,613.56	15.01.2008

Abbildung 18: Eckdaten der SME-Börse Shenzhen
Quelle: SZSE (2008)

Im Gegensatz zu den Bankkrediten und den Förderprogrammen der Regierung wird bei dieser Art der Mittelbeschaffung nicht mehr von offizieller Seite über einen möglichen zukünftigen Erfolg des Unternehmens geurteilt, sondern durch freie Marktmechanismen. Finden sich genug Käufer, die bereit sind Aktien eines Unternehmen zu kaufen, auch wenn dessen Zukunftsideen noch nicht endgültig ausgereift sind oder sich erst noch bewähren müssen, kann auch eine solche Unternehmung zusätzliches Investitionskapital erhalten. Diese Art der Förderung kommt besonders KMU, die sich mit kapitalintensiven technologischen Innovationen beschäftigen und zum Überstehen der Start-up Phase auf hohe finanzielle Mittel angewiesen sind zu gute.

Selbstverständlich müssen Unternehmen, die an der Börse für KMU geführt werden möchten, bestimmten vorgegebenen Richtlinien entsprechen und klar gesetzte Vorgaben einhalten. Diese beziehen sich vor allem auf die Offenlegung der Bücher und eine transparente und standardisierte Berichterstattung, ähnlich der von deutschen Aktiengesellschaften. Zusätzlich ist von den Unternehmen ein Mindestmaß an moderner Betriebsführung und strukturierter Organisation nachzuweisen. Alle an der Börse gesetzten Vorschriften stehen im Einklang mit dem bereits vorgestellten Unternehmensgesetz und der Definition einer JSLC.

Verglichen mit der Gesamtanzahl an KMU innerhalb der VR China, nutzt, mit 256 Unternehmen, bisher lediglich ein Bruchteil aller KMU die Möglichkeit als Aktiengesellschaft ihr Kapital aufzustocken. Laut einer aktuellen Umfrage verfolgen in China mehr als die Hälfte aller KMU den Plan, sich in Zukunft über einen Börsengang zusätzliches Geld zu beschaffen.[1] Da in Deutschland lediglich 3% aller KMU über einen Börsengang nachdenken, kann man wohl auf eine große Akzeptanz und einen guten Ruf der Börse in Shenzhen schließen. In wie weit diese in Zukunft ausgebaut werden wird und chinesische Unternehmer, sicherlich auch auf Grund fehlender anderer Methoden der Kapitalbeschaffung, vermehrt alle Vorschriften der Börse erfüllen und sich listen lassen ist noch nicht absehbar. Die aktuelle Bedeutung der KMU-Börse in China wird an Hand von Eckdaten in Abbildung 18 dargestellt.

4.3 Kulturelle Einflüsse auf unternehmerisches Handeln

Neben den besprochenen formellen Regeln, setzen in China vor allem auch informelle Regeln die ungeschriebenen Grenzen, innerhalb derer sich ein Unternehmer bewegt. Auf traditionellen Werten und philosophischen Ansichten basierend, legen chinesische Unternehmer mindestens so viel Wert auf die Einhaltung dieser Verhaltensleitlinien, wie ein westlicher Unternehmer auf die Gewährung eines ihm per Gesetz zustehenden Rechtes. Um den Handlungsrahmen und somit auch die Entwicklung mittelständischer Unternehmen zu verstehen, ist es daher wichtig, die grundlegende Ethik zu kennen und

---

[1] Vgl. Manager Magazin (2008)

zu verstehen. Im folgenden Kapitel werden die bereits erläuterten philosophischen und gesellschaftlichen Leitlinien (Vgl. Kapitel 2.3) auf das wirtschaftliche Handeln mittelständischer Unternehmer übertragen. Dabei sollen vor allem die so entstehenden Grundsätze für Aufbau und Führung eines Unternehmens herausgearbeitet werden. Auf Grund klarer Definitionen bezüglich ethischer Prinzipien kommt dem Konfuzianismus auch hier eine ganz besondere Bedeutung zu.

4.3.1 Philosophische Einflüsse auf die Unternehmensstruktur

Der für einen Unternehmensaufbau wesentliche Kernpunkt der konfuzianischen Lehre ist die Forderung eines streng hierarchischen Gesellschaftsaufbaus, als Voraussetzung für Harmonie und Stabilität. Ein Unternehmen stellt eine zusammengehörige Einheit, vergleichbar einer Familie, einer Schulklasse oder im Großen betrachtet einem Staat dar und unterliegt somit nach traditioneller Auffassung denselben Richtlinien.

Im Vergleich zu westlich geprägten Industrieländern finden sich in der VR China daher vornehmlich streng vertikal organisierte Unternehmen mit klaren Richtlinien für die Verantwortungen, aber auch die Pflichten eines jeden einzelnen. Dabei kommt es zu Wechselwirkungen von oben nach unten, aber auch von unten nach oben. Es besteht also ein System der Abhängigkeit, in dem das Schicksal von oben vorgegeben ist. Im Gegenzug existiert von unten ein Weg, übertragen auf die Unternehmung vielleicht ein Karriere- oder zumindest Kommunikationsweg, nach oben, der es den Untergebenen, also den Angestellten, ermöglicht durch befolgen des rechten Weges, den an sie gestellten Auftrag zu erfüllen. Das Verhältnis der verschiedenen Hierarchiestufen untereinander ist nach Konfuzius durch die Tugenden Gehorsam, Disziplin, Loyalität und Treue geregelt und verläuft daher sehr harmonisch. Das vom Schicksal vorgegebene Charisma, im westlichen Sinne vergleichbar mit einer Art von Gott geschenkten Begabung, das auch durch die größte Bemühung nicht von einem Menschen selbst erlangt werden kann, gibt vor, wer den Platz des Herrschers, also der Führungskraft innerhalb eines Unternehmens, einnimmt.[1] Durch diese philosophische Einstellung kommt es weder zu Neid, noch zu Missbilligung des eigenen Standes, da dieser ja grundsätzlich vorbestimmt ist.

---

[1] Vgl. Meisig (2005), S. 4 ff.

Diese Art des Unternehmensaufbaus und der internen Zusammenarbeit findet sich auch in den Prinzipien des Taoismus. Hier wird neben der hierarchischen Ordnung vor allem die Notwendigkeit von Gehorsam zur Erlangung von Harmonie betont. In gewisser Weise lässt sich durch die hier verankerte Yin-Yang Theorie, gleichsam den Grundlagen des Konfuzianismus, die Abhängigkeit zwischen Führungskraft und Angestellten feststellen und erklären.

Durch diesen ethischen Handlungsrahmen einer Unternehmung fallen viele Argumente, die aus westlicher Sicht gerne gegen eine vertikale Unternehmensstruktur angebracht werden, wie zum Beispiel mangelnder Anreiz der Mitarbeiter durch geringe Selbstbestimmung, weg. Offen bleibt allerdings, in wie weit das Wissen der Mitarbeiter und daraus resultierende Gedanken bezüglich möglicher Verbesserungen der Arbeitsabläufe innerhalb dieser strengen Hierarchien genutzt werden. Auf der einen Seite betont Konfuzius hier die Wichtigkeit der kontinuierlichen Fortbildung, also auch des organisatorischen Lernens, auf der anderen Seite machen es strikte Hierarchien und die Angst des Gesichtsverlusts schwer offene Kritik zu äußern.

4.3.2 Informelle Handlungsvorgaben an Führungskräfte

Die philosophische Schule des Konfuzius gibt nicht nur vor in welcher Ordnung das menschliche Miteinander strukturiert sein sollte, sondern auch wie sich die Menschen untereinander verhalten sollen. Gleichsam der strukturellen Grundsätze, werden auch diese ethischen Ansätze von den chinesischen Bürgern in die Unternehmen getragen und dort gelebt. Besondere Anforderungen werden von konfuzianischer Seite her an den Vorgesetzten, im wahrsten Sinne des Wortes die Führungskraft, gestellt.

Wird erneut das Familienbild, als kleinste nach Konfuzius definierte Einheit, der Unternehmensbetrachtung zu Grunde gelegt, stellt die Führungsfigur, gleichzeitig auch eine Vaterfigur dar. Somit geht es nicht vordergründig darum Anweisungen zu geben und zu delegieren, sondern vielmehr um Anleitung, Führung und Vertrauen. Nach diesem Bild ist die unternehmerische Führungskraft für das Wohlergehen aller Mitarbeiter verantwortlich und legitimiert die eigene Stellung unter anderem durch die Einhaltung dieser

Handlungsweisen. Die Position der Führungskraft gilt also nur als gesichert, sofern sie nach den philosophischen Grundlinien handelt, nur dann kann sie als ehrenvoller Mensch gesehen werden und ihr Gesicht wahren.

Als wesentliche Eigenschaften nennt der Konfuzianismus Gegenseitigkeit, Menschlichkeit, Gerechtigkeit und Anstand[1]. Gegenseitigkeit und Menschlichkeit beschreibt Konfuzius nach Lunyu 15.24 mit den Worten *„Was du selbst nicht willst, das füge anderen nicht zu"*, ein Prinzip wie es auch in der buddhistischen und der christlichen Ethik zu finden ist. Gerechtigkeit und Anstand helfen bei der Suche nach dem rechten Weg. Übertragen auf die Geschäftswelt heißt dies, dass eine Unternehmung, nach Konfuzius, nur dann erfolgreich sein kann, wenn die Mitarbeiter gerecht und anständig behandelt werden. Diese, in der Gesellschaft tief verankerte Weltanschauung, kann die Notwendigkeit formeller Regeln ersetzten und ohne konkrete Absprachen einen harmonischen Umgang innerhalb des Unternehmens gewährleisten, was westlicher Sicht oftmals unverständliche ist. Der von Achtung und Fürsorge geprägte Umgang, kann je nach Art und Länge der Zusammenarbeit, aber auch je nach Auslebung der philosophischen Gedanken, über die Lebensarbeitszeit eines Angestellten hinausgehen.

Auch in der Unternehmenskommunikation finden sich die Vorgaben Konfuzius zu rechtem Handeln wieder. Sie sehen eine den Umständen angepasste Handlung vor, die in den vier folgenden Stufen entsteht und durchgeführt wird:[2]

(1) gerade denken
(2) gerade sprechen
(3) gerade handeln
(4) gerade regieren

Diese Leitlinien führen in der Umsetzung, sowohl intern, als auch extern, zu einer wohl überlegten Vorgehensweise, die bedacht kommuniziert wird. Wie sicherlich in etlichen praktischen Vorgängen westlicher und asiatischer Unternehmen bereits bewiesen, besagt Lunyu 13.3 folgendes:

---

[1] Meisig (2005), S. 11 ff.
[2] Meisig (2005), S. 29

"...Wenn der Edle etwas begrifflich fasst, dann weiß man worüber man spricht, und weiß man, worüber man spricht, dann kann man es auch exakt ausführen. Der Edle ist eben mit seinen Worten ganz einfach nicht leichtfertig."

Die konfuzianische Denkweise prägt durch die vorgegebenen Umgangsformen die Handlungen einer Führungskraft maßgeblich und gleicht so, eventuelle gesetzliche Mängel mehr als aus. Gerade durch das letzte Beispiel konfuzianischen unternehmerischen Handelns, sollte herausgearbeitet werden, wie weitgehend kulturelle Rahmenbedingungen für die Entwicklung und den Erfolg mittelständischer Unternehmen in der VR China verantwortlich sind.

5 Aktuelle Hemmnisse und zukünftige Chancen der Mittelstandsentwicklung in der VR China

5.1 Hemmende Faktoren der Mittelstandsentwicklung

Die Situation mittelständischer Unternehmen in der VR China hat sich in den letzten Jahren spürbar verbessert, da die Regierung an einer schnellen, aber auch nachhaltigen Entwicklung interessiert ist. Dennoch gibt es einige grundlegende Faktoren, die diese Entwicklung negativ beeinflussen und bisher nicht endgültig gelöst werden konnten. Dabei fallen nicht nur staatliche Hindernisse ins Auge, sondern vor allem auch gesellschaftliche Eigenschaften, deren Anpassung und Weiterentwicklung nicht mit der schnellen volkswirtschaftlichen Entwicklung standhalten konnte. Marktwirtschaftlich fortschrittliche Ansätze können daher nur bedingt umgesetzt werden. Das folgende Kapitel erläutert die drei schwerwiegendsten Probleme mittelständischer Unternehmen und stellt, so fern vorhanden, mögliche eingeführte Lösungsansätze vor.

5.1.1 Korruption in der chinesischen Wirtschaft

Für mittelständische Unternehmen, deren politische und wirtschaftliche Machtposition oft nicht der der großen chinesischen Konzerne entspricht, stellt Korruption im Unternehmensalltag ein großes Problem dar. Bereits bei den Bemühungen um eine Unternehmensgründung kann der Vorgang durch zu hohe inoffizielle Kosten während der Antragstellung gestoppt werden. Auch die Vergabe von öffentlichen Aufträgen oder Fördermitteln wird oft über irreguläre Zuwendungen und Beziehungen geregelt. Dabei ist es, bei Betrachtung der chinesischen Kultur, schwierig den Begriff Korruption in seiner ganzen Ausprägung negativ zu belegen, wie das in westlichen Ländern der Fall ist.

Nach einer gebräuchlichen Definition schließt Korruption unter anderem Vorteilsannahme und -gewährung, Nepotismus und Patronage ein, alles auch Handlungswege des Guan-xi.[1] Die Korruption innerhalb der chinesischen Ökonomie lässt sich daher auch auf den in der Kultur fest verwurzelten Kollektivismus und die konfuzianische

---

[1] Vgl. Meyers Lexikon (2008b)

Denkweise zurückführen. Während westliche Gesellschaften das Ideal der Gleichbehandlung, unabhängig von Rang, Alter oder Geschlecht, verfolgen, baut das chinesische Gesellschaftsbild auf der Sorge um Nahestehende auf. So werden zum Beispiel Verwandte und enge Freunde generell und ohne Unrechtsbewusstsein bevorzugt, was Unternehmern, deren Abstammung nicht in hoch angesehenen oder reichen Familien liegt, zum Verhängnis werden kann.

Des Weiteren spielen die teilweise noch immer präsenten planwirtschaftlichen Strukturen innerhalb der chinesischen Wirtschaft eine Rolle bei der Entstehung von Korruption. Unternehmer sind bei Genehmigungs- und Antragsverfahren auf die Gunst von Staatsangestellten, deren Verdienst meist deutlich unter dem des privaten Sektors liegt, angewiesen. So berichten selbst chinesische Medien aus diesem Bereich immer wieder über die Ausnutzung eines breiten Handlungsspielraums bei der Gesetzesauslegung, die Annahme von Bestechungsgeldern und der Ausnutzung politischer Macht.[1] Allerdings darf an dieser Stelle nicht nur die von staatlichen Einrichtungen ausgehende Korruption betrachtet werden, auch zwischen den Unternehmern finden vielmals Vorzugshandlungen bei der Vergabe von Arbeitsplätzen, dem Verkauf von Waren oder dem Abschluss von Verträgen statt. Auf diese Weise wird zwar die gleichmäßige effiziente Gesamtentwicklung des Mittelstandes in der VR China gehemmt, einzelne mittelständische Unternehmen können aber dennoch profitieren.[2]

Inzwischen versucht die Regierung der VR China massiv gegen Korruption auf allen Ebenen vorzugehen und hat eine Eindämmung der persönlichen Bereicherung durch inoffizielle Zuwendungen als zentrales Ziel in den aktuellen Fünfjahresplan aufgenommen. Vorangehend wurde bereits im Jahr 1998 eine Anti-Korruptionsbehörde eingerichtet, die unter anderem an einem Gesetz zur fairen Vergabe öffentlicher Aufträge aus dem Jahr 2003 mitgearbeitet hat.[3]

	China	Hong Kong	Japan	USA	BRD
Indexwert	3,5	8,3	7,5	7,2	7,8

Abbildung 19: Corruption Perception Index ausgewählter Länder
Quelle: Transparency International 2007, eigene Darstellung

---

[1] Vgl. Holtbrügge/Puck (2005), S. 167
[2] Vgl. Chow (1994), S. 76
[3] Vgl. Holtbrügge/Puck (2005), S. 167

Trotz der Bemühungen der KPCh liegt China im internationalen Vergleich des Korruptionsausmaßes immer noch sehr weit vorne, wie Abbildung 19 zeigt. Dabei steht ein hoher Indexwert, bis maximal 10, für sehr saubere Geschäftsvorgänge, eine niedriger Wert für eine starke Ausprägung von Korruption.

Daraus wird ersichtlich, dass trotz deutlicher Gesetze und einer strengen Umsetzung, unter anderem durch öffentliche Prozesse deren Urteil die Todesstrafe darstellt[1], ein längerer Zeitabschnitt nötig ist, um kulturell bedingte Denkansätze zu verändern. Entsprechend der chinesischen Mentalität, einen Weg zu finden, der es zulässt trotz der gesetzlichen Autoritäten möglichst frei zu handeln, hat sich inzwischen auch ein Markt entwickelt, der es zulässt das Verbot von Korruption zwischen Geschäftleuten zu umgehen. So werden für die Weitergabe von monetären Zuwendungen oder Sachleistungen spezielle Vermittlungsagenturen beschäftigt, die nach chinesischer Auffassung dazu sowohl rechtlich, als auch moralisch legitimiert sind.[2] Davon ausgehend, dass diese Agenturen mittelständische Unternehmen sind, sieht man hier, wie eine eigentlich entwicklungshemmende Tatsache, neue Unternehmerzweige wachsen lässt. Dennoch ist abschließend klar zu stellen, dass eine gleichmäßige, faire und effiziente Entwicklung mittelständischer Unternehmen nur möglich ist, wenn weiterhin am Abbau der Korruption und dem Aufbau eines neutralen wirtschaftlichen Umfeldes gearbeitet wird.

5.1.2 Erschwerter Ressourcenzugang

Für eine erfolgreiche Unternehmensführung ist es von großer Bedeutung ohne größere Hindernisse, wie die Konkurrenz, auf alle benötigten Arten von Ressourcen zugreifen zu können. Bei Betrachtung der Unternehmensumwelt trifft diese Annahme auf verschiedenste Bereiche zu. Mit am wesentlichsten ist der freie Zugang zu Marktinformationen, unabhängig davon ob es sich um Daten bestimmter Branchen, internationaler Märkte oder nationaler Konkurrenten handelt. Nur durch den Zugriff auf transparente zuverlässige Informationen sind eine effiziente Unternehmensentwicklung und ein konkurrenzfähiges Auftreten möglich. Selbstverständlich muss in der Folge auch der Zugang zu den jeweiligen Märkten weitestgehend frei von staatlichen Regulationen sein.

---

[1] Vgl. Sieren (2005), S. 247
[2] Vgl. Holtbrügge/Puck (2005), S. 168

Gerade im Bezug auf diese beiden Punkte scheinen sich viele mittelständische Unternehmen Verbesserungen zu wünschen. Noch immer werden staatliche Konzerne bei der Vermittlung von Informationen, aber auch beim Eintritt in neue Märkte bevorzugt behandelt.[1] Dies hemmt die Neu- und Weiterentwicklung mittelständischer Unternehmen und verhindert eine Konkurrenzsituation mit staatlichen Unternehmen auf gleicher Augenhöhe, zumal ein beschränkter Marktzugang immer auch einen beschränkten Zugang zu Technologien bedeutet.

Neben dem Zugang zu Marktressourcen klagen mittelständische Unternehmen auch über die eingeschränkte Verfügbarkeit von Arbeitskräften. Diese lässt sich weniger auf staatliche Regularien, als vielmehr auf die generelle Arbeitsmarktsituation der VR China zurückführen. Ein Mangel an besser qualifizierten Arbeitnehmern erschwert besonders die Entwicklung chinesischer Unternehmen in kapitalintensiven Bereichen, wie der Entwicklung und dem Vertrieb neuer Hochtechnologien. Diese stehen als Arbeitgeber zusätzlich in Konkurrenz zu den westlichen Firmen auf dem chinesischen Markt, die hervorragend ausgebildeten Chinesen attraktive Arbeitsplätze mit hohem Gehalt und guten Karrierechancen anbieten. Laut einer Studie von Hewitt aus dem Jahr 2006 verlässt auf dem chinesischen Arbeitsmarkt in manchen Branchen jeder vierte Mitarbeiter jährlich das Unternehmen.[2] Diese hohe Fluktuation zeigt die starken Bewegungen auf dem Arbeitsmarkt und lässt einhergehende Schwierigkeiten, wie die ständige Suche nach neuem qualifiziertem Personal, besonders bei mittelständischen Unternehmen, nur erahnen.

Um, unter anderem, dem erschwerten Zugang zu Ressourcen für mittelständische Unternehmen entgegen zu wirken und deren Entwicklung weiterhin zu begünstigen wurde 2003 ein Gesetz zur Förderung von KMU verabschiedet. Dieses Gesetz kann kaum als maßgeblich für die Gesamtsituation mittelständischer Unternehmen betrachtet werden, gibt aber immerhin vor, dass die KPCh die Entwicklung mittelständischer Unternehmen unterstützt und auf ein ausgeglichenes Umfeld achtet.[3] In diesem Zusammenhang wurde eine jährliche Messe für chinesische KMU ins Leben gerufen. Diese soll zu einem besseren Informationsaustausch der Unternehmen untereinander, aber auch dem Austausch von Technologien und dem Anwerben von Arbeitskräften dienen. Zudem werden

---

[1] Lin, Harrison
[2] Faust, Peter
[3] Vgl. MOFCOM (2003)

im Rahmen dieser Messe der SAIC Schulungen aus den Bereichen Personalführung, Firmengründung und Buchhaltung angeboten, bei denen auch die effiziente Nutzung von Ressourcen vermittelt werden soll.[1]

5.1.3 Mangelndes Rechtsbewusstsein

Ähnlich der Korruptionsproblematik, deren Wurzeln innerhalb der chinesischen Geschichte und der daraus entstandenen Kultur zu finden sind, baut auch das mangelnde Rechtsbewusstsein vieler Unternehmer auf historischen Grundlagen auf. Inzwischen sind die meisten Felder unternehmerischen Handelns durch konkrete und auch nach westlichem Standard ausreichenden Gesetzestexten geregelt. Allerdings tragen zwei wesentliche Faktoren dazu bei, dass trotz klar definierter Regeln eine Art Rechtsunsicherheit herrscht, die auch die Entwicklung mittelständischer Unternehmen beeinflusst. Zum einen sind da die, noch immer nicht zuverlässig agierenden, Gerichte, zum anderen Unternehmer deren Mentalität es nicht entspricht Rechte einzuklagen.

Kernproblematik der Anwendung und Durchsetzung des in Gesetzen festgelegten Rechts ist die noch unvollständige Entwicklung der Institutionen eines Rechtsstaates. Die Mehrheit aller Richter kann keine Ausbildung nachweisen und selbst wenn man davon ausgeht, dass der Richter versucht nach bestem Gewissen und Wissen zu urteilen, kommt es dadurch doch zu Abweichungen und Fehlern in der Rechtssprechung.[2] Auch fehlt es an generellen Vergleichsurteilen, so dass beispielsweise im Bereich von Eigentumsprozessen ein jeweils sehr spezielles individuelles Urteil gefällt wird, das einem Abgleich nicht immer standhält.[3] Abgesehen von den Problemen vor Gericht war es bis vor wenigen Jahren kaum möglich, einen loyalen Anwalt zu finden, der die Interessen eines Mandanten ohne Einschränkungen vor Gericht vertritt. Auf Grund der Vergangenheit der VR China, in der das Recht alleine durch den Staat vorgegeben wurde, war dieser Berufsstand weder gewünscht noch notwendig. Doch auch, wenn laut eines jungen chinesischen Anwaltes noch immer ein Großteil der Entscheidungen vor Gericht

---

[1] Vgl. People's Daily (2004)
[2] Lin, Harrison
[3] Vgl. Dang (2008)

von Beziehungen abhängt, lassen sich in den letzten Jahren große Verbesserungen erkennen. Bis zum Jahr 2010 möchte die chinesische Regierung weitere 200000 studierte Anwälte zulassen, um so die Mechanismen des Rechtsstaates zu stärken.[1]

Diese Entwicklung hat sicherlich einen positiven Einfluss auf das Rechtsbewusstsein der chinesischen Bürger und somit auch der Unternehmer. Dennoch finden gerade diese sich häufig in einer Zwickmühle aus neuen, an einer modernen Marktwirtschaft orientierten, rechtlichen Möglichkeiten und ihren alten Bräuchen Verträge durch Guan-xi zu festigen und Verletzungen von Vereinbarungen mit konfuzianischer Gelassenheit hin zu nehmen. Nach früheren Werten ist es für den chinesischen Unternehmer auf der einen Seite, innerhalb von Hierarchien, unmöglich Rechte einzuklagen und somit Ungehorsam zu demonstrieren, auf der anderen Seite ist es ein Verlust der eigenen Ehre verklagt zu werden. Diese Einstellung macht es chinesischen Unternehmen schwer ihre Rechte bei Vertragsverletzungen, wie z.B. verzögerten Lieferterminen, ausgebliebenen Zahlungen, mangelhafter Qualität, aber auch fehlerhaft abgelehnter Anträge durchzusetzen.[2] Genauso schwer fällt ihnen oftmals das zur Wehr setzen gegen ungerechtfertigte Klagen von Geschäftspartnern. Hier wird ein ungerechtfertigter Vorwurf lieber akzeptiert, als einen Prozess und eine eventuelle Veröffentlichung des Disputs zu riskieren.

Generell lässt sich bei den Bürgern der VR China aber die zunehmende Entwicklung eines neuen Rechtsbewusstseins beobachten. So gab es inzwischen erste Klagen im Bereich des Verbraucherschutzes, aber auch eine Vielzahl an Petitionen gegen Vorgehensweisen der Regierung, unter anderem protestierten Privatunternehmer so gegen die Bevorzugung von Staatsfirmen.[3] Mittelständische Unternehmen in der VR China sollten, um sich in Zukunft konkurrenzfähig weiter zu entwickeln, also nicht nur lernen ihre rechtlichen Möglichkeiten zu kennen und auszuschöpfen, sondern auch mental und administrativ darauf vorbereitet sein, mit einer zunehmenden Anzahl an Klagen von Kunden umzugehen.

---

[1] Vgl. Kühl (2000)
[2] Lin, Harrison
[3] Vgl. Kühl (2000)

5.2 Zukünftige Vorteile der Mittelstandsentwicklung

Es ist zu erwarten, dass die Entwicklung mittelständischer Unternehmen durch die weitere Anpassung staatlicher Rahmenbedingungen, aber auch durch spezielle Förderungsmechanismen weiter angetrieben wird. So dürften genannte Probleme langfristig vermindert und Wachstumshindernisse abgebaut werden. Nicht zu vernachlässigen ist auch die positive Auswirkung der generellen ökonomischen Weiterentwicklung in der Volkswirtschaft China. Dieser Abschnitt stellt die direkten, von der Regierung durchgeführten Förderungsprogramme vor und zeigt indirekte, die Entwicklung begünstigende, Veränderungen auf, mit denen in Zukunft zu rechnen ist.

5.2.1 Programme der Mittelstandsförderung

Mit der zunehmenden Bedeutung mittelständischer Unternehmen innerhalb der VR China wurden in den letzten Jahren vermehrt Förderungsprogramme zur weiteren Begünstigung der Entwicklung ins Leben gerufen. Einige davon, die sich mit der Finanzierung mittelständischer Unternehmen beschäftigen, wurden im Verlauf dieses Buchs bereits vorgestellt. Viele der neueren Förderungsmöglichkeiten für mittelständische Unternehmer sehen allerdings nicht mehr die Vergabe materieller Mittel im Zentrum ihrer Aufgabe, sondern versuchen durch die Weitergabe von Wissen und Kontakten eine nachhaltige Wirkung zu erzielen. Diese Art der Förderung steht im Einklang mit der konfuzianischen Ethik, die es bevorzugt den Menschen zu lehren wie er ein bestimmtes Ziel erreicht, anstatt ihn am Zielpunkt abzusetzen. Konfuzius formulierte dies in einem bekannten Zitat folgendermaßen: *„Gib einem Mann einen Fisch und du ernährst ihn für einen Tag. Lehre einen Mann zu fischen und du ernährst ihn für sein Leben."*

In der chinesischen Mittelstandsförderung gibt es zwei wesentliche Konzepte, die erst in den letzten Jahren umgesetzt wurden und bisher ihre volle Wirkung nicht entfalten konnten. Da diese Programme großes Potenzial für zukünftige Unterstützungsmaßnahmen bieten und somit einen positiven Einfluss auf die Entwicklung mittelständischer Unternehmen haben könnten, sollen sie im Folgenden vorgestellt werden.

Ein sehr viel versprechendes Förderungsprogramm der chinesischen Regierung setzt direkt an den Universitäten an und hat insbesondere die Gründung neuer Unternehmen in innovativen Branchen zum Ziel. Kern der Bemühungen ist die Einrichtung spezieller Forschungseinrichtungen auf dem Campus der großen Universitäten. Diese Wissenschafts- und Technologiezentren sollen herausragenden Studenten ein angemessenes Umfeld bieten, um ihre Ideen aus dem hochtechnologischen Bereich umsetzten zu können. Neben den 30 Wissenschafts- und Technologiezentren, die insgesamt aufgebaut werden sollen, wird es 20 Gebiete für Gewerbegründer geben, in denen sich Studenten mit ihren neu gegründeten Unternehmen niederlassen können.[1] Über die genaue Förderung innerhalb dieser Gründerzentren gibt es keine Auskünfte, denkbar wäre aber die Bereitstellung günstiger Büro- und Produktionsflächen und einer angemessenen Infrastruktur, sowie die lokale Gewährung von Steuervorteilen in den ersten Unternehmerjahren. Dieses Förderungsprogramm begünstigt besonders die Entwicklung technologisch anspruchsvoller mittelständischer Unternehmen, da es eine gut ausgebildete Bevölkerungsschicht anspricht und ermutigt ihr Wissen selbständig in Form einer Unternehmensgründung umzusetzen. Die häufige Alternative dieser jungen Menschen, der Direkteinstieg in einen internationalen Konzern, wäre für den Absolventen ein gleichwertiger erster Schritt auf der Karriereleiter, würde für die gesamte Volkswirtschaft China aber zunächst einmal einen Wissensverlust und einen potentiellen Arbeitgeber weniger bedeuten.

Wesentlich breiter angelegt ist ein anderes Förderungsprojekt für mittelständische Unternehmen der VR China, die SMEO. Sie wurde von der chinesischen Reform- und Entwicklungskommission gegründet und hat das Wachstum der KMU, sowie die Stärkung deren Wettbewerbsfähigkeit und deren Verantwortungsbewusstseins zum Ziel. Die legitimierende Grundlage für die Initiative, und somit für die Bereitstellung benötigter finanzieller Mittel, bildet ein Gesetz zur Beschleunigung des Wachstums der KMU. Im Fokus der Bemühungen steht dabei die kontinuierliche Verbesserung der Fähigkeiten mittelständischer Unternehmer. Zu diesem Zweck unterstützt und organisiert die SMEO in der gesamten VR China Seminare, Foren und Trainingsprogramme bezüglich verschiedenster managementtechnischer Fragestellungen. Dabei wird neben der Vermittlung theoretischer Grundlagen der Austausch zwischen Wissenschaftlern und Unternehmensgründern gefördert. So sollen durch die Auswahl der Teilnehmer, Diskussionen zwischen Theoretikern und Praktikern über die Festsetzung strategischer Ziele

---

[1] Vgl. SITrends (2002)

und den Wettbewerb mit multinationalen Konzernen, ebenso wie über Investmentmöglichkeiten, Effizienzförderung und chinesische Erfolgsfaktoren ermöglicht werden. Die SMEO hofft, dass ihr Konzept, das sich seit Ende des Jahres 2006 in der Umsetzung befindet, langfristig zu einem eigenständigen Netzwerk der Selbststudie für Unternehmer wird, das die Kompetenz von Managern mittelständischer Unternehmen erhöht und somit indirekt und nachhaltig zum Erfolg aller mittelständischen Unternehmen beiträgt.[1]

Betrachtet man beide vorgestellten Programme und geht davon aus, dass diese, auf Grund der wirtschaftlichen Ziele der chinesischen Regierung, in Zukunft weiter ausgebaut werden, lässt sich eine Erfolgssteigerung chinesischer mittelständischer Unternehmen mit großer Sicherheit vorhersagen. Die Programme setzten an den bisherigen Problempunkten mittelständischer Unternehmen, wie zum Beispiel der Ineffizienz, hervorgerufen durch mangelhafte Managementkenntnisse oder auch der geringen Unterstützung innerhalb der Gründungsphase an und könnten so ein langfristiges erfolgreiches Wachstum begünstigen. Berücksichtigung sollte in dieser Prognose auch die gesellschaftliche Stellung des Themas Lernen finden. Nach der chinesischen Ethik ist die lebenslange Weiterbildung ein entscheidender Punkt für die innere Harmonie und das Erlangen größerer Ziele, sodass davon ausgegangen werden kann, dass chinesische Manager die ihnen angebotenen Fortbildungsmöglichkeiten motiviert nutzen werden.

5.2.2 Ausbau der chinesischen Unternehmeridentität

Mit der zunehmenden Implementierung neuer, den Mittelstand begünstigenden Rahmenbedingungen, der Möglichkeit eine fundierte Managementausbildung zu absolvieren und staatliche Förderungen zu erhalten, verändert sich auch das Selbstverständnis mittelständischer Unternehmen der VR China. Spätestens seit dem Beitritt der VR China zur WTO dürften auch die früheren Bedenken chinesischer Unternehmer, bei zu großem wirtschaftlichem Erfolg zusätzlichen Einschränkungen der Partei zu unterliegen, verschwunden sein. Mit der zunehmenden Entwicklung einer Konsumenten- und Freizeitgesellschaft, die privaten Erfolg befürwortet und durch staatliche Begünstigungen, wie zusätzliche Reisefreiheit, bestätigt wird[2], wachsen der Ehrgeiz und das Selbstbewusstsein chinesischer Unternehmer stetig. Diese Entwicklung wird sich nicht nur im

---

[1] Vgl. SMEO (2008)
[2] Vgl. Lauber (2003), S. 59

zukünftigen Wachstum mittelständischer Unternehmen zeigen, sondern auch in der Art und Weise, wie chinesische Unternehmer ihren westlichen Konkurrenten entgegen treten.

In Zukunft werden mittelständische Unternehmer vermehrt davon profitieren, theoretische Managementansätze, Optimierungsvorgänge und Kriterien zur Effizienzsteigerung zu erlernen und umzusetzen. Dabei scheuen sich die chinesischen Unternehmer nicht, auf westliche Methoden zurückzugreifen und diese in Einklang mit der eigenen Ethik zu bringen und anzuwenden. So haben viele Unternehmer, laut einer Studie der Universität Bayreuth, die traditionelle Verknüpfung von Geschäft und Familie aufgegeben, um frei nach betriebswirtschaftlich rationalen Entscheidungskriterien auf angemessen ausgebildete und talentierte Arbeitskräfte zugreifen zu können. Einige der befragten Unternehmer geben auch offen zu, dass es wegen der philosophisch vorgegebenen Ordnungsverhältnisse und Verpflichtungen innerhalb einer Familie, oft einfacher ist mit außerfamiliären Mitarbeitern zusammen zu arbeiten. Den Widerspruch dieser Emanzipierung zu den traditionellen Werten gleichen die Unternehmer mit den durch ein professionelles Management zusätzlich erzielten Gewinnen aus, von denen alle Familienmitglieder profitieren.[1]

Orientiert an dieser neuen Unternehmeridentität werden Entscheidungen innerhalb chinesischer mittelständischer Unternehmen nicht mehr an Hand von Plänen oder Vorlieben der Partei getroffen, sondern streng gemessen nach Umsatz- und Ertragszahlen. Langfristig wird sich so die Unternehmensführung und Geschäftabwicklung von etwas provisorischen und unausgereiften Handlungsweisen, hin zu hoch effizienten Vorgehensweisen verändern.[2] Dabei ist zu erwarten, dass kulturelle Leitlinien, philosophische Werte und die Anwendung von Guan-xi zur Vertragsbindung beibehalten werden. Westliche Unternehmer sollten daher nicht versäumen ebenfalls die unternehmerischen Vorzüge beider Kulturen zu vereinen und ihr Vorgehen und ihre Entscheidungen an die Denkweise chinesischer Unternehmer anzupassen.

Durch sich kontinuierlich weiter entwickelnde Unternehmertypen wird neben den einzelnen Unternehmen auch die Gesamtentwicklung mittelständischer Unternehmen in der VR China beeinflusst. Auch in Zukunft wird sich die Verlagerung von arbeits-

---

[1] Vgl. Kühlmann (2005), S. 11 ff.
[2] Vgl. Lauber (2003), S. 61

intensiven hin zu kapitalintensiven innovativen mittelständischen Betrieben fortsetzen. Dies wiederum eröffnet neue Möglichkeiten nationaler und internationaler Kooperationen und stärkt die Konkurrenzfähigkeit, sodass veränderte Marktbedingungen neue Entwicklungs- und Gewinnchancen für motivierte chinesische Unternehmer bieten werden.

5.3 Internationale Mittelstandsvernetzung

Neben den nationalen Veränderungen werden in Zukunft vermehrt auch internationale Vorgänge die Entwicklung mittelständischer Unternehmer der VR China beeinflussen. Bereits jetzt gibt es zahlreiche im Ausland angesiedelte chinesische Unternehmen, deren Zahl sich nach Angaben von Experten in den kommenden Jahren vervielfachen wird. Diese Entwicklung eröffnet nicht nur chinesischen, sondern auch westlichen mittelständischen Unternehmen neue Marktchancen. Der folgende Abschnitt stellt zunächst die aktuelle internationale Integration des chinesischen Mittelstands dar und geht dann im Speziellen auf die Auswirkungen auf den deutschen Markt ein. Abschließend werden kulturelle Differenzen zwischen chinesischen und westlichen Unternehmern diskutiert und Wege diese zu vermeiden aufgezeigt.

5.3.1 Auslandswanderung chinesischer Unternehmer

Seit Anfang dieses Jahrtausends ermutigt die chinesische Regierung ihre Unternehmen, ins besondere auch mittelständische Unternehmen, explizit dazu, ihr Engagement auf ausländischen Märkten zu erweitern. Orientiert an der Strategie ‚Zou Chu Qu – Schwärmt aus', sollen chinesische Unternehmen durch die Expansion auf ausländischen Märkten einen Gegenpol zu der großen Anzahl ausländischer Direktinvestitionen auf dem chinesischen Markt herstellen und so eine nachhaltige und harmonische Entwicklung der VR China sichern. Nachdem bis Ende der 90er Jahre durch das Anwerben ausländischer Investitionen die Entwicklung der Binnenmärkte im Mittelpunkt chinesischer Bemühungen stand, soll nun zusätzlich die Außenwirtschaft gestärkt werden. Diese Vereinigung zweier gegensätzlicher Konzepte, die sich in Wechselwirkungen doch ergänzen und fördern, erinnert an die Yin-Yang Lehre des Taoismus und zeigt, wie besonnen die chinesische Regierung Ziele und Strategien der Zukunft formuliert. Die

Bedeutung, welche dabei dem internationalen Vergleich und dem Wunsch nach einer Fortsetzung des Aufstiegs in die Reihe der führenden Industrienationen zukommt, zeigt sich unter anderem in der Berichterstattung chinesischer Medien. Hier wird jedem weiteren internationalen wirtschaftlichen Erfolg, wie zum Beispiel der Neuaufnahme chinesischer Unternehmen in die Top-500 Unternehmenslisten der Welt, ein eigener Beitrag gewidmet.[1]

Für mittelständische Unternehmen der VR China bedeutet eine weitere Öffnung nach außen, die Erschließung zusätzlicher Märkte, bei weiterer Nutzung der niedrigen Kosten innerhalb ihres Heimatlandes. Viele mittelständische Unternehmer können inzwischen durch gut ausgebildete und motivierte Mitarbeiter im Niedrigpreissegment profitabel produzieren und sehen den erfolgreich erschlossenen Heimatmarkt als schützenden Hafen, der es zulässt alle verfügbaren Kräfte für eine Expansion einzusetzen.[2] Durch eine Erweiterung der Geschäfte auf ausländischen Märkten können mittelständische Unternehmen einigen Problemen aus dem Weg gehen, die eine inländische Erweiterung erschweren. So ist beispielsweise der Zugang zu hoch qualifizierten Arbeitskräften inzwischen auf den internationalen Märkten einfacher als in der VR China, die es bisher nicht schafft, der steigenden Nachfrage schnell genug gerecht zu werden. Des Weiteren könnten mittelständische Unternehmen durch ein Ausweichen auf neue Märkte nationalem Konkurrenzdruck und den Problemen eines, in immer mehr Bereichen, gesättigten Absatzmarktes entgehen. Unter Berücksichtigung des hohen Stellenwertes der Weiterbildung, spielt sicher auch die Aneignung neuer Technologien und neuer Managementkenntnisse eine Rolle.

Aktuell unterstützt die chinesische Regierung mehr als 1000 mittelständische Unternehmen durch vereinfachte Genehmigungsverfahren, administrative Hilfestellungen, Finanzierungszuschüsse und Koordinationszentren bei der Umsetzung ihrer Globalisierungsstrategien.[3] Als Beispiel für ein solches Koordinationszentrum kann der China Austria Technology Park genannt werden, dessen Bau noch in diesem Jahr beginnen soll. Auf 45000 m² wird, durchgeführt von einer chinesisch-österreichischen Projektentwicklungsgesellschaft, ein Forschungs- und Bürozentrum mit sozialen Einrichtungen und Hotels entstehen. Als zweites Projekt dieser Art in Europa, soll das Zentrum chinesischen Unternehmern den Einstieg in europäische Märkte erleichtern und direkte

---

[1] Vgl. Xinhua News Agency (2008)
[2] Vgl. Fuchs (2007), S. 13
[3] Vgl. Fuchs (2007), S. 19

Möglichkeiten der Zusammenarbeit aufzeigen.[1] Alleine im Jahr 2004 wurden durch ähnliche Bemühungen 31 kleinere internationale Übernahmen oder Zusammenschlüsse mit einem Volumen von 1,6 Mio. US-$ durchgeführt.[2] Mittelständische Unternehmen können ihr Auslandsengagement im Vergleich zu großen Konzernen ohne große Aufmerksamkeit der Öffentlichkeit und in kleinen wohl bedachten Schritten durchführen.

Zur Einordnung in ein Gesamtbild zeigt Abbildung 20 die kumulierten chinesischen Investitionen in verschiedenen ausgewählten ausländischen Regionen. Gemessen an hier genannten Zahlen scheint das Engagement mittelständischer Unternehmen noch sehr gering, sollte aber besondern für die kommenden Jahre nicht unterschätzt werden. Bis 2015 erwarten Experten chinesische Auslandsinvestitionen in Höhe von bis zu 65 Mrd. US-$.[3]

	2003	2004	2005
Asien	26559	33409	40629
Europa	531	746	1598
Afrika	491	899	1595
Nordamerika	548	909	1263

Abbildung 20: Kumulierte chinesische Investitionen im Ausland in Mio. US-$
Quelle: Fuchs (2007), S. 38, eigene Darstellung

Es fällt auf, dass chinesische Unternehmer weiterhin, traditionell und regional bedingt, vor allem auf den asiatischen Märkten präsent sind, zunehmend aber auch in andere internationale Märkte investieren. Dies spricht für eine zunehmende globale Integration Chinas und eine ganzheitlich diversifizierte wirtschaftliche Entwicklung. Um zu prognostizieren mit welcher Veränderung internationale Märkte durch die vielseitigen Bemühungen chinesischer Unternehmen rechnen müssen, lohnt sich ein Blick auf Märkte mit einer bereits fortgeschrittenen chinesischen Erschließung. So erzielen in Malaysia lebende Chinesen 60% der dortigen Wirtschaftsleistungen und stellen lediglich 27% der Bevölkerung. In Indonesien erbringen 4% Chinesen innerhalb der Bevölkerung

---

[1] Vgl. Wien international (2006)
[2] Vgl. Fuchs (2007), S. 14
[3] Vgl. Shafy (2004)

ebenfalls etwa 60% der Wirtschaftsleistung.[1] Gerade der europäische Markt, als neu favorisierter Zielmarkt chinesischer Unternehmer, sollte sich also durch wirtschaftliche Analysen und kulturelle Studien auf veränderte Marktbedingungen vorbereiten.

5.3.2 Chinesische Unternehmen auf dem deutschen Markt

Bei der Durchführung chinesischer Investitionen auf dem europäischen Markt hat sich Deutschland in den vergangenen Jahren als immer beliebteres Territorium heraus kristallisiert. Innerhalb von drei Jahren haben sich die chinesischen Direktinvestitionen in Deutschland auf 268 Mio. US-$ im Jahr 2005 verdreifacht. Damit liegt Deutschland im Vergleich weit vor Frankreich mit 33 Mio. US-$ chinesischer Direktinvestitionen, Dänemark mit 67 Mio. US-$ und Spanien mit 127 Mio. US-$. Die chinesische Botschaft in Deutschland geht davon aus, dass chinesische Unternehmer bis Ende des Jahres 2006 insgesamt etwa 219 Mio. US-$ in den deutschen Markt investiert haben.[2] Die Unternehmensberatung Bain sagt sogar Investitionen in Höhe von zwei Mrd. Euro pro Jahr voraus.[3] Trotz dieses enormen Wachstums gibt es bisher kaum Studien, die genaue Investitionszusammenhänge und Auswirkungen beleuchten. Stattdessen gab es bis in die letzten Jahre hinein vermehrt unsachliche Artikel, die vor allem an der Angst vor den unbekannten Investoren angesetzt haben.[4]

Für das große Interesse chinesischer Unternehmen Deutschland als Standort des europäischen Engagements zu wählen, sind verschiedene Gründe verantwortlich. Zunächst verfügt Deutschland über eine hervorragende Infrastruktur und ist auf vielen Gebieten führend in Forschung und Entwicklung vertreten. Somit besteht nicht nur ein ausgezeichneter Zugang zu neuen Technologien, sondern auch ein großes Angebot gut ausgebildeter Arbeitskräfte. Als eine der führenden Volkswirtschaften innerhalb der EU genießt Deutschland zudem einen sehr guten internationalen Ruf, nicht nur auf wirtschaftlicher, sondern auch auf kultureller Ebene. Abgesehen von den internen Standortfaktoren bietet die geographische Lage Deutschlands Zugang zu vielen Ländern Osteuropas und lässt durch den Hafen in Hamburg eine weltweite Containerverschiffung zu.

---

[1] Vgl. Fuchs (2007), S. 18
[2] Vgl. Fuchs (2007), S. 40
[3] Vgl. Weidenfeld (2005)
[4] Vgl. Meyer (2006), S. 83

Die Investitionsfreude chinesischer Unternehmer konzentriert sich in Deutschland auf verschiedene Regionen, wobei in der Regel jeweils unterschiedliche Branchen betroffen sind. Übergreifend lässt sich feststellen, dass viele Chinesen kleine und mittelgroße Unternehmen als Einstiegsmöglichkeit in den deutschen Markt bevorzugen. Diese sind oft für einen sehr geringen Preis zu erwerben, da es den meist in Familienhand befindlichen, oft hoch spezialisierten Unternehmen, nicht gelingt, einen Nachfolger zu finden. So gibt es Zahlen, die belegen, dass jährlich rund 5000 kleine deutsche Unternehmen vom Markt verschwinden, da der Generationenwechsel innerhalb des Unternehmens nicht funktioniert hat. Chinesische Unternehmer sehen darin die Möglichkeit auf einen Schlag technisches Wissen, Markenname, Vertriebsnetze und Patente zu übernehmen.[1]

Abbildung 21 zeigt beispielhaft einige der chinesischen Firmenübernahmen der letzten Jahre.

Chinesisches Unternehmen	Deutsches Unternehmen	Höhe der Investition (in Euro)	Mitarbeiteranzahl	Standort
TCL	Schneider Electronics	8,2 Mio.	100	Türkheim
Huapeng Trading GmbH	Welz Zylinderherstellung GmbH	3 Mio.	40	Rathenow
Fong's (HK)	Then Maschinen GmbH	10 Mio.	150	Schwäbisch Hall
Shenyang Machine Tool Group	Schiess GmbH	-	270	Aschersleben
Harbin Maesuring & Cutting Tool Group	Kelch GmbH & Co. KG	-	170	Schorndorf
DMTG Dalian Machine Tool Group	Zimmermann Bokö	-	150	Denkendorf

Abbildung 21: Von chinesischen Investoren übernommene deutsche Unternehmen
Quelle: Meyer (2006), S. 86

Neben Hamburg, das auf Grund seines Hafens, der für die VR China den zentralen Anlaufpunkt im europäischen Containerverkehr darstellt, etwa 400 meist kleine oder mittelständische chinesische Unternehmen beherbergt, stellen Düsseldorf, Köln und Frankfurt wesentliche Zentren in der Auslandsentwicklung chinesischer Unternehmen dar. Im Januar 2007 waren in den Großstädten Düsseldorf und Köln fast 300 meist kleine und mittelgroße chinesische Unternehmen angesiedelt, die sich hauptsächlich auf die Branchen Maschinenbau, Bekleidung, Informationstechnologie, Automobilwirtschaft und

---

[1] Vgl. Shafy (2004)

Metallverarbeitung konzentrieren. Im Gegensatz hierzu kommen die rund 330 chinesischen Unternehmen, die inzwischen in Frankfurt einen Standort eröffnet haben hauptsächlich aus den Bereichen Groß- und Einzelhandel und aus dem Dienstleistungssektor.[1]

Deutsche Städte sind, nach anfänglicher Skepsis, vermehrt daran interessiert chinesische Unternehmen anzulocken und einen attraktiven Standort zu bieten. Dies führt zu höheren Steuer- und Gewerbeeinnahmen und bringt zusätzliche Arbeitsplätze in die Region. Schätzungen zufolge könnten so in den kommenden 10 Jahren bis zu 10000 neue Arbeitsplätze innerhalb der BRD entstehen. Zudem profitiert auch der deutsche Mittelstand langfristig von einer stärkeren Vernetzung deutscher und chinesischer Unternehmen.[2] Hierdurch können bereits auf dem Heimatmarkt Erfahrung mit chinesischen Geschäftspartnern gemacht werden, internationale Kontakte nach Asien geknüpft werden und interkulturelle Teams gegründet werden.[3] In diesem Fall würde der Internationalisierungsprozess deutscher Mittelständler vor der eigenen Haustüre beginnen.

5.3.3 Kulturelle Differenzen und deren Überwindung

Mit zunehmender Zusammenarbeit deutscher und chinesischer Unternehmer kommt es auch zu vermehrtem Aufeinandertreffen der sehr verschiedenen Kulturen, was nicht selten in Unverständnis und Frustration endet. Um zu vermeiden, dass erfolgreiche Geschäftsabschlüsse durch kulturelle Differenzen verhindert werden, sollten deutsche Manager sowohl auf dem heimischen Markt, als auch auf dem chinesischen Markt die wesentlichen philosophischen Grundlagen chinesischen Unternehmerhandelns und deren Auswirkungen in der Praxis kennen. Selbstverständlich ist gegenseitige Toleranz und Verständnis, auch von chinesischer Seite her unverzichtbar, dennoch sind es zumeist die westlichen Unternehmer, die durch Fehlverhalten Beziehungen schädigen. Mit dem Wissen, dass die chinesische Kultur und das philosophische Denken deutlich stärker ausgeprägt und innerhalb des Geschäftslebens tiefer verankert sind, als westliche Verhaltensnormen, kann es nur von Vorteil sein, sich rechtzeitig darüber zu informieren.

---

[1] Vgl. Fuchs (2007), S. 56
[2] Vgl. Wenk (2005)
[3] Vgl. Meyer (2006), S. 85

Bereits im Vorfeld möglicher Geschäftkontakte lässt sich bei deutschen und chinesischen Unternehmen ein grundsätzlich unterschiedliches Vorgehen beobachten. Während deutsche Manager ihre Kooperationspartner in der Regel nach klar ersichtlichen Kriterien, wie zum Beispiel Umsatzzahlen, Produktpalette oder Zielgruppe wählen, steht für chinesische Unternehmer der persönliche Kontakt, das Guan-xi, an erster Stelle der Überlegung. Nur nach ausführlichem Kennen lernen auf persönlicher Ebene, bestenfalls eingeleitet durch die Empfehlung eines Freundes, kommt eine geschäftliche Zusammenarbeit überhaupt in Frage. Erst dann werden mögliche betriebswirtschaftliche Übereinstimmungen und Kooperationswege besprochen. Die Charaktereigenschaft Ungeduld und das zu schnelle zu beharrliche Anführen eigener Interessen führt daher in Verhandlungen mit chinesischen Unternehmern selten zum gewünschten Ergebnis.

Auch während der Zusammenarbeit kann es zu folgenschweren Missverständnissen kommen. Neben dem Hierarchieprinzip sollte daher bei allen gemeinsamen Handlungen bedacht werden, dass die chinesische Ethik ein harmonisches Verhalten anstrebt und Konflikte vermeidet. So wird Kritik, wenn überhaupt, lediglich in abgeschwächter Form weitergegeben und so nur bei äußerst sensiblem Zuhören erkennbar. Nehmen westliche Unternehmen die Äußerung eines, möglicherweise leicht zu behebenden, Problems nicht wahr, kann es ohne erneute Hinweise zur Kündigung der Zusammenarbeit kommen. Im Gegenzug würde eine Kooperation auch daran scheitern, dass die westliche Seite Fehler und Probleme zu direkt anspricht. Hierdurch verliert der chinesische Manager, der in diesem Fall die Verantwortung trägt, sein Gesicht, also seine Ehre, was eine weitere Zusammenarbeit nahezu unmöglich macht.[1]

Neben den kulturell bedingten Regeln, die in einem westlich-chinesischen Miteinander berücksichtigt werden sollten, geht es im Rahmen einer internationalen Vernetzung mittelständischer Unternehmen vor allem darum, unterschiedliche strategische Vorgehensweisen zu verstehen. Dies ist nicht nur für Unternehmen, die eine Kooperation anstreben interessant, sondern in noch größerem Maße für jene Unternehmen, die sich im Wettbewerb chinesischen Konkurrenten stellen müssen.

---

[1] Vgl. Zürl/Huang (2002), S. 91

Bei der Wahl einer geeigneten Strategie für die Erschließung ausländischer Märkte folgen viele chinesische Unternehmer dem Rat des bedeutendsten chinesischen Militärstrategen Sun Tsu, der den gewaltlosen taktisch durchdachten Krieg lehrte.[1] Er greift in seinen Lehren also auch auf das bereits bekannte Harmonieprinzip nach Konfuzius zurück, was seine Empfehlungen im chinesischen Alltag auch heute noch umsetzbar macht. Das Verhalten, mit dem westliche Unternehmer im Rahmen der vermehrten chinesischen Auslandsinvestitionen rechnen sollten, lässt sich an Hand des folgenden Zitates von Sun Tsu zusammenfassen.

„Wenn der Feind mächtig ist, musst Du Dich besonders gut vorbereiten. Lerne seine Stärke kennen und vermeide die direkte Konfrontation damit. Greife seine schwachen Stellen an. Greife an wann und wo er es zuletzt vermutet"

Chinesische Unternehmer gehen also, ähnlich wie in der internen Unternehmensführung (Vgl. Kapitel 4.3.2), äußerst behutsam und kontrolliert vor. Dabei sind ihre Handlungszüge oftmals nicht linear, sondern kreisen den Gegner ein. Durch eine vielseitige und ganzheitliche Vorgehensweise, die der chinesischen Mentalität im Allgemeinen entspricht, eröffnen sich chinesischen Unternehmern unerwartete Möglichkeiten.[2] In der Literatur ist sogar von der *„porterschen Quadratur des Kreises"*[3] die Rede, da es chinesischen Unternehmen teilweise gelingt durch günstige und anspruchsvolle Produkte die strategischen Wettbewerbsvorteile ‚Kostenführerschaft' und ‚Differenzierung' zu vereinen. Abbildung 22 zeigt die Entwicklungsstadien chinesischer Unternehmen auf dem Weg zur diversifizierten Präsenz auf ausländischen Märkten.

---

[1] Lin, Harrison
[2] Vgl. Fuchs (2007), S. 75
[3] Fuchs (2007), S. 75

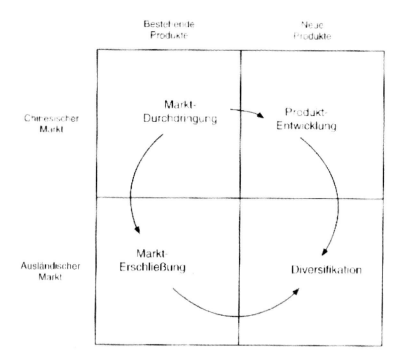

Abbildung 22: Zangenbewegung chinesischer Unternehmer
Quelle: Fuchs (2007), S. 76

Westliche Unternehmer sollten sich also darauf einstellen, dass ihre chinesischen Gegenspieler unbekannte und eventuell unverständliche Vorgehens- und Verhaltensweisen wählen. Je besser vorliegende Informationen bezüglich kultureller und strategischer Unterschiede genutzt werden, desto besser kann die eigene Position gestärkt und der Umgang miteinander erleichtert werden. Mit Offenheit und Mut zum Umdenken brauchen chinesischen Unternehmen weder als Kooperationspartner, noch als Konkurrent gefürchtet werden. In wie weit das Erlernen der chinesischen Ethik die Entwicklung des eigenen Unternehmens begünstigt, zeigt sich im Erfolg neuer westlicher Managementtechniken deren Grundlage die Lehren des Konfuzius sind.[1]

---

[1] Vgl. Fuchs (2007), S. 31

6 Studie: Mittelständische Unternehmen der VR China in der Praxis

6.1 Aufbau und Durchführung der Studie

Für ein umfassendes Verständnis einer bestimmten wirtschaftswissenschaftlichen Thematik ist immer auch die praktische Ausprägung bzw. Umsetzung theoretischer Grundlagen interessant. Deshalb wurde im Rahmen der zu Grunde liegenden Studie gemeinsam mit der chinesischen Unternehmensberatung ‚ThinkSmart' eine Umfrage zu den Themen Organisation, Entwicklung und internationale Verflechtung mittelständischer Unternehmen der VR China durchgeführt. Der folgende Abschnitt erläutert die wesentlichen Kernpunkte und Ideen des Umfragebogens, sowie die Umsetzung der Befragung chinesischer Unternehmen.

6.1.1 Ziel und Inhalte der Studie

Um einen Gesamteindruck mittelständischer Unternehmen zu vermitteln ist es wichtig, nicht nur Zahlen, Journalisten, Autoren oder die Regierung sprechen zu lassen, sondern auch in direkten Kontakt mit Unternehmern zu treten. Nur so lassen sich theoretische Fakten auf ihre Praxisrelevanz und gut gemeinte Förderungsansätze auf ihre Umsetzungsfähigkeit hin analysieren. Ziel der hier durchgeführten Studie ist es, in enger Verknüpfung zu den untersuchten Bereichen der Entwicklung und Bedeutung mittelständischer Unternehmen der VR China, praktische Aspekte einzubringen und als Beleg, Widerlegung oder Ergänzung darzustellen. Die Ergebnisse dieser Studie sollen alternativen Input bringen und so weitere Perspektive beleuchten.

Als erster von insgesamt drei Schwerpunkten wurde die Entwicklung mittelständischer Unternehmen gewählt. An Hand der einzelnen Unternehmen soll beispielhaft überprüft werden ob zwischen relevanten politischen Entscheidungen und dem Entwicklungsfortschritt des Unternehmens ein Zusammenhang besteht. So kann vermutet werden, dass mittelständische Unternehmen mit Einführung des neuen Steuergesetzes im Jahr 1994

(Vgl. Kapitel 4.1.2), ein größeres Wachstum zu verzeichnen haben. Auch die Einführung der Förderungsprogramme zur Kreditvergabe (Vgl. Kapitel 4.2.2) sollte sich positiv auf die Entwicklung mittelständischer Unternehmen ausgewirkt haben.

Ein weiterer Schwerpunkt der Studie liegt auf der Untersuchung des organisatorischen Aufbaus mittelständischer Unternehmen. Zu erwarten wäre hier, angelehnt an das konfuzianische Weltbild und die Lehren des Taoismus, ein streng hierarchischer Aufbau mit klar verteilten Verantwortungs- und Zuständigkeitsbereichen (Vgl. Kapitel 4.3.1). In diesem Zusammenhang soll nicht nur die hierarchische Tiefe der organisatorischen Strukturen untersucht werden, sondern auch die Tiefe der funktionalen Gliederung. Zwischen der Anzahl hierarchischer Ebenen und der Anzahl einzelner Abteilungen mit verschiedenen Zuständigkeitsbereichen wird ein negativer Zusammenhang vermutet. Allerdings spricht beispielsweise das japanische System eine andere Sprache. Dort herrschen innerhalb des Unternehmens strenge und tiefe Hierarchien, besonders in der Produktion ist das Unternehmensbild allerdings geprägt von kleinen Arbeitsgruppen, die nach dem Prinzip der Teamarbeit in hoher Eigenverantwortung arbeiten.

In Bezug auf Kapitel 5.3, das die internationale Vernetzung mittelständischer Unternehmen untersucht, wurde ein dritter und letzter Schwerpunkt festgelegt, innerhalb dessen das Auslandsengagement chinesischer Unternehmen, sowie deren Meinungen bezüglich internationaler Marktchancen untersucht werden sollen. Ziel ist es, zu erkennen welche Märkte chinesische Mittelständler mit ihren Produkten und Dienstleistungen bereits erreicht haben und welche Märkte in Zukunft von Interesse sind. Ein besonderes Augenmerk soll in diesem Zusammenhang auch auf der Einschätzung von Problemen bei der Internationalisierung und auf der Bewertung internationaler Wettbewerber liegen. Dadurch können zusätzliche Hindernisse des Ausbaus mittelständischer Unternehmen erkannt und wesentliche Informationen für westliche Unternehmer erlangt werden.

6.1.2 Aufbau des Fragebogens

Der eigens für diese Umfrage entwickelte Fragebogen umfasst insgesamt 20 Fragen und ist in vier Abschnitte untergliedert. Die maximal benötigte Zeit zum Ausfüllen wird, je nach Genauigkeit und Umfang der übermittelten Angaben auf etwa 10-15 Minuten geschätzt.

Der erste Teil des Fragebogens umfasst allgemeine Angaben bezüglich des Unternehmens und der bearbeitenden Person. Folgende Daten werden erfasst:

(1) Position der ausfüllenden Person innerhalb des Unternehmens
(2) Provinz des Hauptsitzes des Unternehmens
(3) Rechtsform des Unternehmens
(4) Anzahl der Standorte des Unternehmens
(5) Branche des Unternehmens
(6) Hauptprodukte oder -dienstleistungen des Unternehmens

Im zweiten Teil des Fragebogens werden Informationen ermittelt, die Aufschluss über die Entwicklung des Unternehmens geben. Hierzu werden folgende Angaben abgefragt:

(1) Datum der Unternehmensgründung
(2) Entwicklung der Anzahl an Angestellten (abgefragt werden die Zahlen der Jahre 1990, 1995, 2000, 2002, 2004, 2006)
(3) Entwicklung des Unternehmensumsatz (abgefragt werden die Zahlen der Jahre 1990, 1995, 2000, 2002, 2004, 2006)

Der dritte Teil des Fragebogens konzentriert sich auf die organisatorische Struktur des Unternehmens und ermittelt Daten zu folgenden Punkten:

(1) Generelle Struktur des Unternehmens (vorgegeben sind die Methoden funktionale Gliederung, Matrixorganisation, prozessorientierte Gliederung und Sonstige)
(2) Anzahl der Hierarchieebenen innerhalb des Unternehmens
(3) Anzahl der Abteilungen innerhalb des Unternehmens
(4) Die fünf Abteilungen mit der höchsten Mitarbeiteranzahl
(5) Die fünf von der befragten Person als am wichtigsten eingestuften Abteilungen

Der vierte und letzte Abschnitt des Fragbogens befasst sich mit dem internationalen Engagement des befragten Unternehmens, sowie mit den dabei auftretenden Problemen. Erfasst werden in diesem Abschnitt die folgenden Angaben:

(1) Staaten in denen Produkte oder Dienstleistungen des Unternehmens angeboten werden
(2) Staaten in denen Kooperationen mit anderen Unternehmen bestehen
(3) Staaten aus denen die größten Konkurrenten des Unternehmens kommen
(4) Staaten die bei zukünftigen ausländischen Investitionen des Unternehmens berücksichtigt werden sollen
(5) Die fünf größten Probleme bei der Erschließung internationaler Märkte
(6) Die Beurteilung der im Ausland gebotenen Unterstützung

Bei der Art der Fragestellung wurde darauf geachtet möglichst wertfrei und neutral zu formulieren. Aus dem gleichen Grund wurde auf die Vorgabe von Antwortmöglichkeiten, außer bei der Frage nach der Unternehmensstrukturierung, komplett verzichtet. Dies wird in der Folge die Auswertung aufwendiger gestalten, verhindert aber eine unabsichtlich indiskrete Vorgabe, die von der befragten Person als Beleidigung oder inakzeptable Behauptung aufgefasst werden könnte. Die Bearbeitung des Fragebogens soll dadurch möglichst stressfrei gestaltet werden und keine negativen Gefühle hervorrufen. Zudem können so genau die Angaben weitergegeben werden, die von der befragten Person gemacht werden möchten.

6.1.3 Durchführung der Befragung

Zur Teilnahme an der Befragung wurden insgesamt 450 chinesische mittelständische Unternehmen eingeladen. Die gewählten Unternehmen setzen sich aus zwei verschiedenen Gruppen zusammen. Während mir 150 Unternehmensadressen aus der Kundendatei von ‚ThinkSmart' überlassen wurden, stammen die anderen 300 Adressen aus einem chinesischen Forum für Unternehmen, deren Interesse es ist in Deutschland Kontakte zu knüpfen. Durch diese Wahl sollen mit den Ergebnissen des letzten Abschnitts des Fragebogens vor allem Probleme bei der Erschließung des deutschen Marktes beleuchtet werden.

Alle Unternehmen wurden durch eine ausführliche E-Mail eingeladen an der Befragung teilzunehmen. Zudem wurde angeboten, im Falle einer Teilnahme, die analysierten Ergebnisse der Umfrage zur Verfügung zu stellen und bei zukünftigen Fragen bezüglich der Entwicklungsmöglichkeiten auf dem deutschen Markt weiter zu helfen. Auf Wunsch konnten die Teilnehmer der Befragung zu diesem Zweck, im Anschluss an den anonymen Fragebogen, ein Kontaktformular ausfüllen.

Der Fragebogen an sich konnte über einen in der E-Mail genannten Link aufgerufen werden. Durch diese Vorgehensweise gibt es für eine Teilnahme, abgesehen von einem Internetzugang, keine zusätzliche technische Voraussetzung. Im Vorfeld des Fragebogens wurden die Teilnehmer insbesondere darauf hingewiesen, dass auch ein Ausfüllen weniger Fragen oder die Teilbearbeitung einzelner Fragen für unsere Auswertung von Bedeutung ist. So sollte erneut verhindert werden, dass eine einzelne als unangenehm empfundene Frage das Abbrechen der gesamten Befragung zur Folge hat. Dies wäre durchaus denkbar, da, sollte der Eindruck entstehen man müsse den Fragebogen komplett beantworten, das Auslassen einer Frage als unangenehmer Gesichtsverlust empfunden werden könnte.

Die Befragung wurde über einen Zeitraum von 4 Monaten durchgeführt und es gab keinen vorgegebenen Bearbeitungszeitraum.

6.2 Auswertung und Interpretation der Ergebnisse

Das folgende Kapitel legt die Erkenntnisse der Befragung dar, diskutiert diese und stellt, sofern möglich, einen Zusammenhang mit bereits erlangten theoretischen Feststellungen her. Dazu wird zunächst die allgemeine Reaktion auf den Fragebogen erläutert und die Menge der in die Betrachtung eingegangenen Rückläufer festgelegt. Des Weiteren werden die Ergebnisse, orientiert an den drei Schwerpunkten der Umfrage, ausgewertet und dargestellt. In diesem Kapitel liegt der Fokus auf den verwertbaren und aussagekräftigen Ergebnissen, die aus Gründen der Übersichtlichkeit zusammengefasst und nachbearbeitet wurden. In Anhang 7 und Anhang 8 dieses Buchs finden sich eine Übersicht aller Antworten und eine Gesamtauswertung, gegliedert nach einzelnen Fragebögen, sowie nach Themengebieten.

6.2.1 Allgemeine Resonanz auf die Befragung

Die Resonanz auf die durchgeführte Umfrage kann als durchweg positiv beschrieben werden. Neben den zurückerhaltenen Fragebögen, gab es eine Vielzahl an E-Mails, in denen sich chinesische Unternehmer für das Interesse bedankten und sich zu einer möglichen weiteren Zusammenarbeit bereit erklärten. Die Inhalte dieser E-Mails lassen sich sehr gut in einem Zitat zusammenfassen, an Hand dessen mir Mr. Samuel Sun, einer der angeschriebenen Unternehmer seine Motivation der Kontaktaufnahme aufgezeigt hat.

„Both of you have one apple if you exchange an apple, both of you have two ideas if you exchange an idea."

Von den 450 angeschriebenen Unternehmen konnten 150 Unternehmen unter der vorliegenden E-Mailadresse nicht erreicht werden. Dies lässt sich entweder auf falsch angegebene E-Mailadressen zurückführen oder auf technische Probleme der betroffenen Unternehmen beim Empfang von E-Mails westlicher Absender. Weitere 50 Unternehmen teilten uns mit, dass sie weder in der Lage sind den Fragebogen über das Onlineformular einzusehen, noch den Fragebogen als E-Mailanhang im MS-Word Format öffnen können. Vermutlich sind spezielle Sperren innerhalb des Unternehmensnetzwerkes als Schutz vor unerwünschten Programmen und Webseiten der Grund, weswegen diese Unternehmen trotz Interesses nicht an der Befragung teilnehmen konnten.

Insgesamt bestand im Rahmen der hier durchgeführten Befragung also für 250 Unternehmen die theoretische Möglichkeit den Fragebogen zu bearbeiten. Dabei lässt sich natürlich nicht nachvollziehen, wie viele dieser Unternehmen den Fragebogen auf Grund technischer Probleme nicht öffnen konnten, darüber aber nicht informiert haben. Dennoch wird im Folgenden von einer Gesamtsumme an 250 angeschriebenen Unternehmen ausgegangen, denen eine Teilnahme möglich gewesen wäre. Von diesen Unternehmen wurden 52 ausgefüllte Fragebögen an uns zurück geschickt. Dies entspricht immerhin einer Rücklaufquote von 20,8%, sicherlich nicht zu letzt bedingt durch die sorgfältige Auswahl der Unternehmensdaten in Zusammenarbeit mit ‚ThinkSmart'. Einschränkend wirkt sich allerdings die Tatsache aus, dass 32 der beantworteten Fragebögen so unzureichend oder unverständlich beantwortet worden sind, dass sie in der Auswertung nicht berücksichtigt werden konnten. So wurden beispielsweise in die Freitextfelder für Ländernamen Zahlen eingetragen oder in die Felder für die Umsatzzahlen

Produktnamen. Zur Auswertung wurden daher 20 Fragebögen herangezogen und somit eine bereinigte Rücklaufquote von 8,0% erreicht.

Branche der Unternehmen	Großhandel	Industrie	Dienstleistung	Bauwesen	Transportwesen
Anzahl	8	5	4	2	1
Region der Unternehmen	Beijing	Zheijian	Guandong	Shanghai	Jiangsu
Anzahl	5	4	3	3	2

Abbildung 23: Branchen und Regionen befragter Unternehmen
Quelle: eigene Datenerhebung

Wie aus Abbildung 23 zu erkennen ist, stammen die befragten Unternehmen aus verschiedensten Branchen. Ein Großteil der Unternehmen ist in den Bereichen Großhandel und Industrie beschäftigt, zwei sehr weit gefasst Branchen. So kann ein Großhändler Lebensmittel, Kunstwerke oder auch Kleidung vertreiben. Eine detaillierte Übersicht, die verschiedene Produktgruppen berücksichtigt, findet sich daher in der Gesamtauswertung im Anhang dieses Buchs. Bezogen auf die Regionen, innerhalb derer die befragten Unternehmen ihren Hauptsitz haben, lässt sich eindeutig ein Schwerpunkt um Beijing beobachten. Hierfür können verschiedene Gründe verantwortlich sein. Zum einen ist die Region um die Hauptstadt Beijing eine der wirtschaftlich am vielseitigsten und weitesten entwickelten Gegenden Chinas. Viele Unternehmen waren, vor allem zu Beginn der privatwirtschaftlichen Entwicklung, von der Regierung dazu angehalten ihre Unternehmenszentrale in die Hauptstadt zu verlegen. Zum anderen könnte es sein, dass sich angeschriebene Unternehmen im Allgemeinen nur in den wirtschaftlich geförderten Zonen der VR China befinden. Dies kann durch einen Blick auf die angegebenen Regionen bestätigt werden. Es handelt sich durchweg um Gegenden in denen von der Regierung Sonderwirtschaftszonen eingerichtet wurden.

Durch die in Abbildung 24 dargestellten Daten lässt sich eine Aussage über die Position der antwortenden Personen innerhalb ihres Unternehmens treffen. In der Mehrzahl handelt es sich um Geschäftsführer oder Abteilungsleiter von LLCs. Man kann also davon ausgehen, dass die beantwortende Person über alle wesentlichen Vorgänge innerhalb des Unternehmens informiert ist und daher qualitativ hochwertige Angaben machen kann.

Position der antwortenden Person	Geschäftsführer	Abteilungsleiter	Eigentümer
Anzahl	10	8	2
Rechtsform der Unternehmen	LLC	Personengesellschaft	Keine Angabe
Anzahl	13	1	6

Abbildung 24: Eigenschaften der antwortenden Person
Quelle: eigene Datenerhebung

Die Tatsache, dass es sich hauptsächlich um LLCs handelt, war zu erwarten, da dies, wie bereits erläutert (Vgl. Kapitel 3.1.3) die am weitesten verbreitete Rechtsform von Unternehmen innerhalb der VR China ist. Erstaunlich hingegen ist die Tatsache, dass 3 der befragten Personen, die keine Angabe bezüglich der Rechtsform gemacht haben, angeben nicht zu wissen, was mit dem Begriff ‚Legal form' gemeint wäre. Darüber, ob dies auf mangelnde Englischkenntnisse oder geringes unternehmerisches Wissen zurück zu führen ist, kann keine Aussage getroffen werden.

6.2.3 Analyseschwerpunkt 1: Unternehmensentwicklung

Um einen praktischen Einblick in die Entwicklung mittelständischer Unternehmen zu erhalten, wurden die Mitarbeiteranzahl und der Jahresumsatz zu verschiedenen Zeitpunkten abgefragt. Bei Betrachtung der Ergebnisse fällt sofort auf, dass die Angaben in der Regel lediglich die letzten Jahre umfassen. Lediglich 4 der 20 teilnehmenden Unternehmen wurden vor dem Jahr 2000 gegründet. Es handelt sich also um sehr junge private Firmen, deren Entwicklung noch nicht abgeschlossen ist. Dies entspricht der theoretischen Feststellung, dass sich private Unternehmen in der VR China erst seit kurzer Zeit wieder in großer Zahl entwickeln und ein Ende des verstärkten Wachstums der Zahl mittelständischer Unternehmen noch nicht abzusehen ist (Vgl. Kapitel 2.2.2). Zudem deutet der große Anteil junger Unternehmen auf den Erfolg der Bemühungen der Regierung hindeuten, ein besseres Unternehmensumfeld zu schaffen und Unternehmensgründungen zu vereinfachen (Vgl. Kapitel 5.2.1).

In Abbildung 25 ist die Entwicklung der durchschnittlichen Mitarbeiteranzahl und des durchschnittlichen Jahresumsatzes aller 20 Unternehmen dargestellt. Auffallend ist besonders der Sprung zwischen den Jahren 2002 und 2004. Dieser hängt mit dem großen Anteil der in diesem Zeitraum gegründeten Unternehmen zusammen. Ein Viertel der in die Beobachtungen einbezogenen Unternehmen wurde nach 2006 gegründet und ging vorher mit einer Mitarbeiteranzahl und einem Jahresumsatz von 0 in die Berechnungen ein. Aus den in diesem Abschnitt gesammelten Daten, gemeinsam mit der angegebenen Branche des jeweiligen Unternehmens, kann festgestellt werden, dass an der Befragung 11 nach chinesischer Definition als mittelgroß eingestufte und 8 als klein geltende Unternehmen teilgenommen haben (Vgl. Kapitel 3.2.3). Bei einem Unternehmen ist eine Zuordnung auf Grund fehlender Angaben nicht möglich.

	1990	1995	2000	2002	2004	2006
Durchschnittliche Mitarbeiteranzahl	225	217	131	164	233	419
Durchschnittlicher Jahresumsatz (in Mio. RMB)	16,5	10,5	12	21,6	32,3	60,7

Abbildung 25: Mitarbeiteranzahl und Jahresumsatz befragter Unternehmen
Quelle: eigene Datenerhebung

Neben der großen Anzahl an jungen Unternehmen fallen bei Betrachtung der in diesem Abschnitt gesammelten Firmendaten zwei bereits vor der offiziellen Erlaubnis einer Privatwirtschaft in der VR China gegründete Unternehmen auf. Abbildung 26 zeigt die einzelnen Entwicklungsdaten dieser beiden Unternehmen.

An Hand des Gründungsjahres ist erkennbar, dass es sich bei beiden Unternehmen um staatlich gegründete Industriekonzerne handeln muss. Beide Unternehmen sind den Angaben des Fragebogens zufolge inzwischen in privater Hand, wurden also während ihrer Unternehmensgeschichte privatisiert. Bei Betrachtung der Entwicklung von Mitarbeiteranzahl und Jahresumsatz lassen sich bis 2002 zunächst große Staatskonzerne erkennen, die dann im Rahmen von massivem Stellenabbau oder Unterteilung privatisiert wurden und in der Folge ihre Effizienz steigerten. Der Jahresumsatz pro Mitarbeiter konnte durch dieses Vorgehen bei beiden Unternehmen erhöht werden und wird sich, betrachtet man die Daten aus 2004 und 2006, wohl noch weiter verbessern.

Unternehmensnummer in der Auswertung		5	11
Gründungsjahr		1969	1985
Branche		Industrie	Industrie
Mitarbeiteranzahl			
	1990	500	4000
	1995	600	3750
	2000	1200	1000
	2002	1000	1000
	2004	300	600
	2006	250	800
Jahresumsatz (in Mio. RMB)			
	1990	30	300
	1995	40	170
	2000	60	100
	2002	30	70
	2004	8	60
	2006	20	75

Abbildung 26: Staatlich gegründete Unternehmen in der Auswertung
Quelle: eigene Datenerhebung

6.2.2 Analyseschwerpunkt 2: Unternehmensorganisation

Die Mehrheit der betrachteten Unternehmen ist funktional organisiert, lediglich 5 Unternehmen geben andere Strukturen als Leitlinien des Unternehmensaufbaus an. Dabei sind die Unternehmen in durchschnittlich 3,85 Abteilungen gegliedert, was gemessen an den in einem Unternehmen anfallenden Grundfunktionen, wie Produktion, Einkauf, Verwaltung, Unternehmensleitung oder Absatz ein sehr geringer Wert ist. Dies spricht für eine Überschneidung verschiedener Funktionen und der Verschmelzung einzelner Abteilungen. So kann beispielsweise in kleinen Unternehmen die Geschäftsführung für alle wesentlichen Tätigkeiten, abgesehen von der Produktion, verantwortlich sein.

Eine funktionale Organisation spricht für eine klare Aufgaben- und Kompetenzverteilung, sowie für einen hohen Spezialisierungsgrad. Diese Eigenschaften decken sich mit den kulturellen Rahmenbedingungen, die den Unternehmensaufbau beeinflussen. So findet sich in einer funktionalen Gliederung auch der strenge Hierarchiegedanken nach Konfuzius wieder (Vgl. 4.3.1). Bereits in der theoretischen Betrachtung wurde eine durch den Unternehmensaufbau mögliche Einschränkung des Vorschlagsmanagements und somit auch des internen Innovationspotentials diskutiert. Dieser unternehmerische Nachteil gilt als ein Merkmal funktionaler Gliederung, was die getroffene Hypothese bestätigt. Weitere Nachteile könnten unklare Ergebnisverantwortung, fehlendes Verständnis für andere Funktionsbereiche, sowie eine mangelhafte Zusammenarbeit zwischen den Abteilungen sein. Dem entgegen, stehen die Nutzung von Synergie- und Skaleneffekten und die damit einhergehende Verhinderung von Redundanzen. Die funktionale Gliederung ist auch bei uns in kleinen und mittelständischen Unternehmen beliebt, da sie bei einer homogenen überschaubaren Produktpalette ein stabiles Umfeld schafft. Neben der bewussten Wahl auf Grund betriebswirtschaftlicher Vorteile, könnte für die überwiegende Anwendung der funktionalen Organisation, auch bei den großen mittelständischen Unternehmen, die oftmals noch schwach ausgeprägten Managementkenntnisse (Vgl. Kapitel 3.1.1) verantwortlich sein. Eine funktionale Gliederung ergibt sich intuitiv, wohingegen andere Organisationsformen im Vorfeld der Anwendung vermehrt einer theoretischen Vermittlung bedürfen.

Abteilung	Sales & Marketing	Produktion	Qualitätskontrolle	Controlling	Verwaltung
Abteilung ist eine der fünf wichtigsten Abteilungen	17	12	10	9	9
Abteilung ist eine der fünf mitarbeiterstärksten Abteilungen	13	12	7	6	7

Abbildung 27: Anzahl der Nennungen wichtigster und größter Abteilungen
Quelle: eigene Datenerhebung

In Abbildung 27 ist zu erkennen, welche Abteilungen des Unternehmens von den befragten Personen als sehr wichtig eingestuft werden und welche Abteilungen die größte Mitarbeiterzahl stellen. Zur Auswertung wurde die Häufigkeit der Nennung einer Abteilung aufsummiert.

So empfinden beispielsweise 17 der 20 befragten Personen den Bereich Sales & Marketing als sehr wichtig, wohingegen die Verwaltung lediglich von 9 Personen als wichtig eingestuft wurde. Auffallend ist der hohe Stellenwert des Bereiches Qualitätskontrolle. Gerade aus westlicher Sicht wird oftmals die Qualität der in China produzierten Ware bemängelt. Es scheint als wäre den Unternehmen die Bedeutung einer hohen Qualität durchaus bewusst. Somit gewinnt das Qualitätsmanagement auch zukünftig an Bedeutung. Bis auf geringfügige Abweichungen stellen die als wichtig eingestuften Abteilungen auch die Abteilungen mit den größten Mitarbeiterzahlen dar. Dabei lässt die hier vorliegende Datenerhebung keinen Schluss darüber zu, in wie weit sich die einzelnen Abteilungen in ihrer Größe unterscheiden.

Auch über die abgefragte Anzahl der Hierarchieebenen innerhalb des Unternehmens lässt sich keine Aussage treffen, da diese Frage in keinem der berücksichtigten Fragebögen beantwortet wurde. Mehr als die Hälfte der befragten Personen hinterließ eine Anmerkung, dass sie den Begriff ‚hierarchy levels' nicht kennt oder nicht weiß wie die Zahl abzulesen ist. Man kann also darauf schließen, dass die Darstellung eines Unternehmens als Organigramm, das einzelne Hierarchiestufen aufzeigt, in China nicht verbreitet ist oder aber der englische Begriff im Chinesischen nicht bekannt ist.

6.2.4 Analyseschwerpunkt 3: Internationale Integration

Alle betrachteten Unternehmen, ausschließlich der Unternehmen aus der Branche Bauwesen, sind auch auf Märkten außerhalb der VR China tätig. Dies spricht für einen hohen Grad an Internationalisierung und eine große Bedeutung chinesischer Privatunternehmer für die weltweiten Märkte. Die genannten Kontinente sind in Abbildung 28 dargestellt. Dabei gibt die Zahl an wie oft ein Land eines Kontinentes in der jeweiligen Kategorie genannt wurde. Die im Einzelnen genannten Länder können den Ergebnisstabellen im Anhang entnommen werden.

Aus den vorliegenden Daten ist zu erkennen, dass sowohl der asiatische, als auch der europäische Markt wichtige Zielmärkte der befragten chinesischen Unternehmen darstellen. Innerhalb Europas scheint der Produktverkauf, aber auch die Zusammenarbeit im Rahmen von Kooperationen, einen Schwerpunkt auf dem deutschen Markt zu besitzen. Ebenfalls ist festzustellen, dass Unternehmen ihre Produkte verstärkt auf ausländischen Märkten anbieten, Kooperationen mit ausländischen Unternehmen aber nur bedingt bestehen. Dies könnte auf Probleme bei der Auffindung internationaler Geschäftspartner zurückzuführen sein, aber auch auf den Wunsch möglichst unabhängig zu bleiben und Zulieferverträge schwerpunktmäßig auf dem chinesischen Markt zu schließen.

	Europa (davon Deutschland)	Nordamerika	Südamerika	Afrika	Asien	Australien
Produkte auf dem Markt	33 (6)	11	2	2	20	2
Kooperationspartner	13 (5)	4	1	2	9	1
Konkurrenten	10 (2)	3	0	0	16	0
Zukünftige Zielmärkte	26 (4)	3	0	2	4	5

Abbildung 28: Auslandsengagement der befragten Unternehmen
Quelle: eigene Datenerhebung

Ein Großteil der betrachteten Unternehmen gibt als Herkunftsländer großer Konkurrenten asiatische Staaten an. Besonders betroffen von der innerkontinentalen Konkurrenz scheinen die Unternehmen des niederen produzierenden Gewerbes. Unternehmen aus dem Bereich der Dienstleistungen, wie zum Beispiel Unternehmensberatungen, und spezialisierte Komponentenhersteller sehen ihre Konkurrenten verstärkt auf dem westeuropäischen Markt. Vermutlich ist die hohe Bedeutung der Qualitätskontrolle, die vor allem in diesen Unternehmen eine Rolle spielt, eine erste Reaktion darauf konkurrenzfähig zu bleiben.

Entsprechend der theoretischen Feststellungen sieht ein Großteil der hier befragten chinesischen Unternehmen den europäischen Markt als zukünftiges Expansionsziel an (Vgl. Kapitel 5.3.1). Dies wird zu einer größeren Präsenz chinesischer Unternehmen auf den europäischen Märkten, sowie zu vermehrten Übernahmen europäischer Unternehmen durch chinesische Konkurrenten führen und somit eine wachsenden Notwendigkeit hervorrufen, sich mit kulturellen Differenzen auseinander zu setzen (Vgl. Kapitel 5.3.3).

Im Rahmen der Internationalisierung sehen die befragten chinesischen Unternehmen ähnliche Probleme, wie sie auch westliche Unternehmen bei einer Geschäftsausweitung auf dem chinesischen Markt sehen.

Als größte Schwierigkeiten der betrachteten Unternehmen kristallisieren sich die im Folgenden genannten 10 Faktoren, welche hier in absteigender Häufigkeit der Nennung dargestellt sind, heraus:

(1) Aufbau neuer Geschäftbeziehungen
(2) Kosten der Ausweitung
(3) Zugang zu benötigten Informationen
(4) Positionierung im ausländischen Markt
(5) Finanzierung der Ausweitung
(6) Qualitätsunterschiede
(7) Zugang zu Verkaufskanälen
(8) Zugang zu qualifizierten Mitarbeitern
(9) Gesetzliche Unterschiede
(10) Kulturelle Unterschiede

Die vermehrte Nennung der Kosten- und Finanzierungsproblematik ist angesichts der bereits diskutierten Kreditsituation kleiner und mittelständischer Unternehmen in der VR China nicht überraschend (Vgl. Kapitel 4.2). Ebenso ist es nicht erstaunlich, dass die befragten chinesischen Unternehmer, gleichsam mit vielen westlichen Unternehmern, den Aufbau vertrauensvoller Geschäftbeziehungen als Problem betrachten. Als Kernpunkte werden innerhalb dieses Abschnitts des Fragebogens vor allem gegenseitiges Misstrauen und das Fehlen von entsprechenden Austauschplattformen angeführt. Hier spielen sicherlich auch die, in einem Extrapunkt angeführten, kulturellen Unterschiede eine entscheidende Rolle. Es darf nicht außer Acht gelassen werden, dass diese Differenzen auch aus chinesischer Sicht bestehen und der Umgang damit kein einseitiges Hindernis darstellt.

Auch der Zugang zu Informationen und Verkaufskanälen scheint eine Herausforderung zu sein, die sowohl auf westlicher Seite, als auch auf chinesischer Seite existiert. Im Rahmen der Befragung ist nicht nachvollziehbar, ob Teilnehmer den Zugang zu Informationen innerhalb der VR China ansprechen oder für sie Informationen aus den Zielländern schwer zu erhalten sind. Vermutlich spielen beide Aspekte eine Rolle, verstärkt fehlt wohl aber ein entsprechender Ansprechpartner im Ausland vor Ort. Dieser Mangel kann mit der zunehmenden Errichtung chinesischer Geschäfts- und Informationszentren im Ausland vermindert werden, so dass in Zukunft ein besserer Austausch von Informationen stattfinden kann (Vgl. Kapitel 5.3.1).

Abschließend ist festzustellen, dass die Internationalisierung auch von chinesischer Seite mit einer Vielzahl an Problemen verbunden ist. Gerade hier würde ein besserer Austausch sowohl westlichen, als auch chinesischen Unternehmern helfen, erfolgreich auf fremden Märkten tätig zu werden. Dabei sollte nicht nur der Austausch von Wissen, sondern auch der Austausch persönlicher Bedenken und kultureller Differenzen angestrebt werden. Durch ein insgesamt besseres Vertrauensverhältnis könnten, vor allem im Bereich mittelständischer Unternehmen, viele Probleme auf beiden Seiten gelöst werden, so dass westliche und chinesische Unternehmen nachhaltig von einer verstärkten Zusammenarbeit profitieren können.

7 Fazit

7.1 Abschließende Zusammenfassung

Der tatsächliche Beginn einer modernen privatwirtschaftlichen Entwicklung in der VR China, im Rahmen derer sich mittelständische Unternehmen entfalten und etablieren können, geht einher mit der Formierung Chinas als sozialistische Marktwirtschaft im Jahr 1992. Dieser Beschluss legitimierte die folgende Reformpolitik und öffnete so den Weg für eine ökonomische Modernisierung und Öffnung, die als Voraussetzung für die heutige wirtschaftliche Stärke der VR China angesehen werden kann. Den bisherigen Höhepunkt dieser Politik, der zudem eine internationale Anerkennung der wirtschaftlichen Fortschritte darstellt, bildet der Beitritt Chinas zur WTO im Jahr 2002. In dieser ersten Phase des wirtschaftlichen Aufschwungs lässt sich die rapide Entwicklung zum Großteil auf von der Regierung angeworbene ausländische Direktinvestitionen zurückführen, die bis zum Jahr 2003 bereits über 500 Mrd. US-$ betrugen. Seit diesem Jahrtausend verzeichnet die Privatwirtschaft ein der Gesamtwirtschaft entsprechendes Wachstum, sodass im Jahr 2006 nahezu 5 Mio. Privatunternehmer registriert sind. Dabei bestehen bis heute große regionale Unterschiede, was Ausprägung und wirtschaftlichen Erfolg von Unternehmen angeht.

Im Rahmen der zunehmenden Anzahl an Privatunternehmern wächst auch die Zahl an mittelständischen Unternehmen und somit ihre Bedeutung für die wirtschaftliche Entwicklung der VR China. Aktuell erwirtschaften die KMU Chinas etwa 58% des gesamten BIP und zahlen mehr als die Hälfte des Gesamtsteuervolumens. Da KMU zudem mehr als 75% der in der VR China vorhandenen Arbeitsplätze stellen kann ihrer Bedeutung für die gesamtwirtschaftliche Entwicklung nicht genug Aufmerksamkeit gewidmet werden. Diese Tatsache hat auch die chinesische Regierung erkannt, sodass seit 2003 erstmals eine offizielle Definition für mittelständische Unternehmen, sowie ein Schutz- und Förderungsgesetz beschlossen wurde. Dabei wird deren Möglichkeit der politischen Einflussnahme weiterhin sehr begrenzt gehalten, zur wirtschaftlichen Entfaltung beitragende Rechte, wie zum Beispiel ein internationaler Wissensaustausch, werden aber vermehrt gewährt.

Befand sich das rechtliche Umfeld unternehmerischen Handelns vor einigen Jahren noch im Aufbau, sind inzwischen alle gesetzlichen Rahmenbedingungen eindeutig, oftmals klarer als in westlichen Staaten, festgelegt. Für die chinesische Regierung stehen bei allen Beschlüssen die Förderung der wirtschaftlichen Entwicklung und der Ausbau einer wachstumsfördernden Unternehmensumwelt im Vordergrund. Dies äußert sich sowohl in den Gesetzestexten, als auch in der Unternehmensbesteuerung, die dieses Jahr erneut angeglichen wurde, um Nachteile chinesischer Unternehmer im Vergleich zu ausländischen Unternehmern zu beseitigen. Im Sinne einer nachhaltigen Entwicklung wurden in enger Zusammenarbeit mit der BRD auch das Patent- und Markenrecht, sowie das Arbeitsrecht modernisiert und den Anforderungen einer aufstrebenden Marktwirtschaft, deren Ziel Ausgeglichenheit, Gerechtigkeit und allgemeiner Wohlstand ist, angepasst.

Gleichzeitig zu den rechtlichen Rahmenbedingungen werden in der VR China die Möglichkeiten zur Kapitalbeschaffung für mittelständische Unternehmen ausgebaut. Die Finanzierung unternehmerischer Vorhaben stellt in vielen Fällen das größte Hindernis für die Umsetzung von Innovationen oder Unternehmensausweitungen dar. Um in Zukunft durch aufstrebende mittelständische Unternehmen, als Basis des wirtschaftlichen Erfolgs der VR China, weiter und vor allem nachhaltig wachsen zu können, wurde das Kreditsystem reformiert, eine Sonderbörse für KMU eingerichtet und durch spezielle Förderprogramme der Regierung gezielt Erfolg versprechende mittelständische Unternehmen unterstützt. Den Kernpunkt bildete dabei zunächst die Bereitstellung finanzieller Mittel, inzwischen fördert die Regierung den Mittelstand auch durch die Organisation von Wissensforen und betriebswirtschaftlichen Lehrgängen sowie das Errichten von Forschungszentren. Diese Art der Hilfestellung spiegelt das konfuzianische Denken und Handeln wieder und wird mittelständischen Unternehmen langfristig verstärkte ökonomische Bedeutung zukommen lassen.

Die chinesische Gesellschaft und dadurch auch ihre Unternehmen orientieren sich neben den formellen Regeln verstärkt an philosophisch und kulturell vorgegebenen Handlungsweisen. Dies hat maßgeblichen Einfluss auf die Entwicklung mittelständischer Unternehmen und folglich auch auf deren Bedeutung für die wirtschaftliche Entwicklung der VR China. Eine große Rolle spielt neben dem konfuzianischen Hierarchiedenken vor allem die Vorgabe eines verantwortungsbewussten überlegten Verhaltens, das stets respektvoll ist und Konflikte vermeidet. Da diese Grundsätze häufig bis in die kleinste Unternehmenseinheit hin befolgt werden, verläuft das wirtschaftliche Wachstum trotz seiner hohen Geschwindigkeit sehr harmonisch. Informelle Regeln der Höflichkeit und des harmonischen Miteinanders haben häufig einen höheren Stellenwert und größeren Einfluss auf das soziale Zusammenleben, als gesetzliche Vorschriften. Dies äußert sich auch in der Nutzung von Guan-xi anstelle formaler Verträge innerhalb der Geschäftswelt und ist einer der Gründe, weswegen westliche Unternehmer oftmals Schwierigkeiten im Umgang mit chinesischen Kooperationspartnern haben.

Durch ein zunehmendes Auslandsengagement chinesischer mittelständischer Unternehmen wird das gegenseitige Verständnis verschiedener kultureller Hintergründe in Zukunft an Bedeutung gewinnen. Diese Form der Internationalisierung geht auf die Unterstützung der chinesischen Regierung und deren Wunsch, angelehnt an die Yin-Yang Lehre einen Gegenpol zu den hohen ausländischen Direktinvestitionen innerhalb Chinas zu schaffen, zurück. Alleine in Deutschland wird die Gesamtsumme chinesischer Investitionen bereits auf mehr als 219 Mio. US-$ geschätzt. Gerade mittelständische Unternehmen aus der VR China nutzten immer öfter die Möglichkeit durch die Übernahme deutscher mittelständischer Unternehmen, oftmals Familienbetriebe, Wissen und Markenrechte zu erwerben. Diese vermehrte Präsenz auf ausländischen Märkten stärkt die Bedeutung mittelständischer Unternehmen für die wirtschaftliche Entwicklung der VR China und zwingt ausländische Unternehmer dazu umzudenken, neue Konkurrenten zu verstehen und deren Handeln in die Unternehmensstrategie einzubeziehen.

Selbstverständlich kämpfen nicht nur westliche Unternehmen mit den in- und ausländischen Folgen eines international vernetzten Mittelstandes, sondern auch chinesische mittelständische Unternehmen. Innenpolitisch hemmen die trotz staatlicher Bekämpfung noch immer vorhandene Korruption und der schwere Zugang zu Ressourcen, wie Informationen oder Arbeitskräften den Fortschritt. Diese Probleme sind der chinesischen Regierung bekannt und sollen, sofern nicht bereits geschehen, durch spezielle Regierungsprogramme in den kommenden Jahren vermindert werden. Weitaus schwieriger zu beeinflussen sind die Herausforderungen denen chinesische mittelständische Unternehmer auf den ausländischen Märkten begegnen. Kulturelle Unterschiede stellen auch aus chinesischer Sichtweise ein oftmals nur schwer zu überwindendes Hindernis dar. Zudem ist die Anpassung der Produkte für den internationalen Markt und die Positionierung chinesischer Marken nicht einfach, sodass davon auszugehen ist, dass die

Entwicklung des Engagements chinesischer mittelständischer Unternehmen auf ausländischen Märkten, ebenso wie die Entwicklung des Engagements ausländischer mittelständischer Unternehmen auf dem chinesischen Markt nicht kontinuierlich voran schreitet und immer wieder neue Hindernisse zu überwinden sind.

7.2 Abschließende Beurteilung und Zukunftsprognose

Die Bedeutung mittelständischer Unternehmen für die wirtschaftliche Entwicklung der VR China kann zweifelsohne als sehr groß eingestuft werden. Entsprechend dieser Beurteilung fördert der chinesische Staat deren Entwicklung gezielt, sodass mit einer zunehmenden ökonomischen Einflussnahme durch chinesische mittelständische Unternehmen auf nationalen und internationalen Märkten zu rechnen ist.

Das in westlichen Medien lange vermittelte wirtschaftliche Profil, welches die VR China als eine von ineffizienten großen Staatsbetrieben und unterdrückten Privatunternehmen geprägte Volkswirtschaft darstellt kann nicht aufrechterhalten werden. Vielmehr besteht heute eine breit angelegte private Unternehmenslandschaft, deren Basis von unternehmerischem Ehrgeiz, Innovationsfreude und individuellem Antrieb gebildet wird. Einhergehend mit dieser bemerkenswerten wirtschaftlichen Veränderung seit der Ära Mao, wächst eine gesellschaftliche Mittelschicht heran. Diese Entwicklung wird langfristig zu einer Verkleinerung sozialer Unterschiede führen.

Mit den wirtschaftlichen Förderprogrammen verfolgt die KPCh daher nicht nur das Ziel, die VR China zu einer großen Wirtschaftsmacht auszubilden, sondern erfüllt ihre Fürsorgepflicht gegenüber den chinesischen Bürgern. Dieser Aspekt wird in westlichen Medien oft verschwiegen, bestätigt sich aber bei Betrachtung der Reformpolitik immer wieder. Angelehnt an das konfuzianische Denken stellt die chinesische Regierung das Einleiten einer nachhaltigen harmonischen Entwicklung, die dem Wohle der gesamten Bevölkerung dient, in den Fokus ihrer Bemühungen. Im Gegenzug kann sie sich bei der Umsetzung weit reichender Reformen auf die Einhaltung der Hierarchieebenen von Seiten der Bürger verlassen und durch die gelebte Konfliktvermeidung auch solche wirtschaftspolitischen Änderungen schnell durchsetzen, die für bestimmte Bevölkerungsteile schmerzhaft sind.

Durch diese Art der gegenseitigen Unterstützung und des Vertrauens wurden in den letzten Jahren alle Rahmenbedingungen unternehmerischen Handelns modernisiert und den Ansprüchen einer sich öffnenden Volkswirtschaft angepasst. Entgegen der in westlichen Ländern häufig vertretenen Meinung, sind die gesetzlichen Rahmenbedingungen, auch in den häufig kritisierten Themengebieten des Arbeitsschutzes und des Patentrechts sehr umfassend und wurden in enger Zusammenarbeit mit deutschen Rechtswissenschaftlern aufgesetzt und eingeführt. Die Umsetzung dieser formalen Handlungsweisungen funktioniert, sowohl auf Grund der kulturell verankerten Anwendung informeller Richtlinien, als auch wegen der erst kürzlich erfolgten Einführung, nicht in allen Bereichen reibungslos. Dennoch finden sowohl chinesische als auch westliche Unternehmen auf dem chinesischen Markt ein rechtssicheres Umfeld vor, das ökonomisches Wachstum begünstigt und gleichzeitig die Rechte schwacher Parteien, wie zum Beispiel den Arbeitnehmern bewahrt.

Die harmonische Vereinigung formeller und informeller Rahmenbedingungen kann ein Grund für das schnelle erfolgreiche Wachstum der VR China sein. Nur so konnte sich eine breite Basis mittelständischer Unternehmen entwickeln, die heute das Rückgrat der gesamten chinesischen Wirtschaft bildet. Ein stark ausgeprägter Mittelstand gilt als Garant für nachhaltiges, kontinuierliches und soziales wirtschaftliches Wachstum. Diese Eigenschaften werden dem chinesischen Aufstieg aus westlicher Sicht nur ungern zugesprochen, da sie darauf hindeuten, dass sich die VR China wirtschaftlich ohne große Rückschläge weiter entfalten wird und zunehmend als ernst zu nehmender Konkurrent auftritt.

Die Entschlossenheit und Zielstrebigkeit mit der die Internationalisierung mittelständischer Unternehmen aus der VR China von der Regierung vorangetrieben wird, spricht dafür, dass der chinesische Einfluss auf westlichen Märkten weiter zunehmen wird. Unter Berücksichtigung dieser Tatsache wäre es fatal sich weiterhin hauptsächlich oberflächlich mit den Erfolgsfaktoren unternehmerischen Handelns in der VR China auseinander zu setzten und stattdessen das aus westlicher Sicht eingeschränkt freie System zu verurteilen.

D   Danksagung

Die Durchführung dieser Studie wäre ohne die fachliche Unterstützung von Prof. Dr. Fuchs-Seliger, Institut für Wirtschaftstheorie und Operations Research der Universität Karlsruhe (TH), nicht möglich gewesen. Vielen Dank für Ihre hilfsbereite Zusammenarbeit und dafür, dass Sie mich immer wieder aufs Neue dazu angeregt haben, vorhandene Informationen sorgfältig zu prüfen und Situationen aus verschiedenen Perspektiven heraus zu betrachten.

Einen großen Anteil an der Entstehung dieses Buch trägt auch Mr. Harrison Lin, Geschäftsführer der chinesischen Unternehmensberatung ‚ThinkSmart'. Ohne seine Mitarbeit wäre es mit nicht möglich gewesen in diesem Maße wirtschaftliche Daten bezüglich der VR China zu sammeln und auszuwerten. Vielen Dank, dass Sie mir Ihr umfangsreiches Wissen zur Verfügung gestellt haben und mich vor Ort durch das Wahrnehmen von Terminen und die Übersetzung einzelner Dokumente unterstützt haben.

Auch im Bezug auf technische Herausforderungen hatte ich das Glück auf kompetente und konstruktive Hilfe zurückgreifen zu können. Vielen Dank Max für die Erstellung des Onlinefragebogens und Deinen PC- Rettungseinsatz, der sicherlich einen nicht unerheblichen Beitrag zur Existenz dieses Buchs geleistet hat.

Für die liebevolle persönliche Unterstützung, aber auch für die Bereitschaft sich mit einem fachfremden Thema in solch zeitintensiver Weise auseinander zu setzen, möchte ich meinen Eltern und meiner Schwester Felicitas (dank der mein Laptop trotz anhaltender Softwareproblemen nicht in den Pool geflogen ist) danken. Eure Korrekturvorschläge haben mit Sicherheit maßgeblich zur Qualität dieses Buchs beigetragen.

Zuletzt möchte ich mich für die größte Unterstützung - ein wundervolles zu Hause - bedanken, aus der ich immer wieder Kraft und Motivation schöpfen konnte. Vielen Dank Moritz, dass Du mir stets den Rücken frei gehalten hast und nicht verärgert warst, wenn ich wieder mal in der Bibliothek festsaß oder den Haushalt langfristig ignoriert habe. Vielen Dank vor allem auch, dass Du all meine Launen tapfer ertragen hast und mir immer zum richtigen Zeitpunkt nötige Ablenkung und neuen Mut verschafft hast.

L Literaturverzeichnis

Bass, Hans / Wohlmuth, Karl (Hrsg.) (1996): *Menschenrechte, Arbeitsverhältnisse und Gewerkschaften in China – internationale Perspektiven*. Bremen: Universität Bremen

Becker, Ulrich (2005): *Sozialrechtliche Rezeptionsprozesse in China*. Onlinequelle: http://www.mpg.de/bilderBerichteDokumente/dokumentation/jahrbuch/2005/sozialrecht/forschungsSchwerpunkt2/pdf.pdf [letzter Aufruf: 27.06.2008]

Böhn, Dieter/Bosch, Aida/Haas, Hans-Dieter/Kühlmann, Torsten/Schmidt, Gert (Hrsg.) (2003): *Deutsche Unternehmen in China*. Wiesbaden: Deutscher Universitäts-Verlag GmbH

Brown, Earl (2006): Chinese labor law reform: Guaranteeing worker rights in the age of globalism. *Japan Focus*, Ausgabe vom 23.11.2006

China Economic Net (2005): *Kapitalbeschränkung für Firmengründung soll gesenkt werden*. Onlinequelle: http://de.ce.cn/aktuelles/nachrichten/nachrichten/200508/24/t20050824_83935.shtml [letzter Aufruf: 29.06.2008]

China Labor Watch (2008): *Minimum wage standards in Guangdong*. Onlinequelle: http://www.chinalaborwatch.org/minimumwagesguangdong.htm [letzter Aufruf: 27.06.2008]

Chinese Fortune (2008): *Where does Yin Yang symbol come from?* Onlinequelle: http://www.fortunecalendar.com/YinYang.htm [letzter Aufruf: 07.06.2008]

Cho, Hyekyung: *Chinas langer Marsch in den Kapitalismus*. Münster: Verlag Westfälisches Dampfboot

Chow, Gregory C (1994): *Understanding China's economy*. Singapore: World Scientific Publishing Co. Pte. Ltd.

Dang, Meloday (2008): "Look alike" is not acceptable: case review on a recent judgment by the Supreme Court. *China Law & Practice*, Ausgabe vom Mai 2008

Deacons (2006): *China welcomes its new company law.* Onlinequelle: http://www.deacons.com.au/UploadedContent/NewsPDFs/LU-270106_-_china-welcomes-its-new-company-law.pdf [letzter Aufruf: 22.06.2008]

Deutsches Patent- und Markenamt (2008): *Statistiken – auf einen Blick.* Onlinequelle: http://presse.dpma.de/presseservice/datenzahlenfakten/statistiken/aufeinenblick/index.html [letzter Aufruf 27.08.2008]

Dreiling, Christoph (2006): *Markteintritt und Marktbearbeitung in China.* Saarbrücken: VDM Verlag Dr. Müller e. K.

Ederer, Günter/Franzen, Jürgen (1996): *Der Sieg des himmlischen Kapitalismus.* Landsberg/Lech: Verlag moderne Industrie

EFWR (2002): *Economic Freedom of the World Report – 2002 Annual Report.* Calgary: Fraser Institute

Erling, Johnny (2006): *Schauplatz China.* Freiburg i. B.: Verlag Herder

Faber, Tim (2006): *China Update 2006 – Rechtliche Stolpersteine erkennen und vermeiden.* Onlinequelle: http://www.localglobal.de/gbf2006/do/do_4.pdf [letzter Aufruf 05.06.2008]

Feng, Xiao (1998): *Die chinesische „Treuhandanstalt".* Baden-Baden: Nomos Verlagsgesellschaft

Financial Express (2007): *New chinese labor law gives employers the jitters.* Onlinequelle: http://www.financialexpress.com/news/New-Chinese-labour-law-gives-employers-the-jitters/251722/2# [letzter Aufruf: 27.06.2007]

Fuchs, Hans Joachim (2007): *Die China AG*. München: Finanzbuch Verlag

Gallagher, Mary (2002): Use the law as your weapon! The role of law and labor conflict in the PRC. *Law and social change in China Conference Paper*. Berkeley: University of California.

Geffken, Rolf (2005): *Der Preis des Wachstums*. Hamburg: VSA-Verlag

Hall, Chris (2007): *When the dragon awakes – Internationalisation of SMEs in China and implications for Europe*. Onlinequelle: http://www.cesifo-group.de/DocCIDL/forum2-07-focus5.pdf [letzter Aufruf: 06.06.2008]

Hartmann, Jürgen (2006): *Politik in China*. Wiesbaden: GWV Fachverlage GmbH

Heilmann, Sebastian (1997): *Das politische System der Volksrepublik China im Wandel*. Wiesbaden: Westdeutscher Verlag

Heilmann, Sebastian (2002): *Das politische System der Volksrepublik China*. Wiesbaden: Westdeutscher Verlag

Hirn, Wolfgang (2005): *Herausforderung China*. Frankfurt/Main: S. Fischer Verlag GmbH

Holtbrügge, Dirk / Puck, Jonas F. (2005): *Geschäftserfolg in China*. Heidelberg: Springer Verlag

IHK Rostock (2007): M*ittelstandsreport*. Onlinequelle: http://www.rostock.ihk24.de/produktmarken/standortpolik/anlagen/Mittelstandsbericht_2002_bis_2006.pdf [18.12.2007]

IED/LEAD-China (2004): *Driving force of corporate social responsibility in china*. Onlinequelle: http://www.csr.ied.cn/search?SearchableText=IED+%2F+LEAD [letzter Aufruf: 22.06.2008]

Joffe, Gideon (2003): *Entstehung und Entwicklung des Unternehmertums in der VR China.* Köln: Josef Eul Verlag GmbH

Kasperk, Garnet/Woywode, Michael/Kalmbach, Ralf (2006): *Erfolgreich in China.* Heidelberg: Springer Verlag

Kiefer, Thomas (1995): Das *Ende des westlichen Industriemodells.* Sinzheim: Pro Universitate Verlag

Klenner, Wolfgang (1981): *Der Wandel in der Entwicklungsstrategie der VR China.* Hamburg: Verlag Weltarchiv GmbH

Kraus, Willy (1989): *Private Unternehmerwirtschaft in der Volksrepublik China.* Hamburg: Institut für Asienkunde.

Krempl, Stefan: *China und Deutschland wollen beim Patentschutz enger zusammen arbeiten.* Onlinequelle: http://www.heise.de/newsticker/China-und-Deutschland -wollen-beim-Patentschutz-enger-zusammenarbeiten--/meldung/78199 [letzter Aufruf: 27.06.2008]

Kühl, Christiane (2008): Generation Optimismus. *Financial Times Deutschland,* Ausgabe vom 26.06.2008

Kühl, Martin (2000): Mao Zedong zerschlug den Rechtsstaat, Chinas junge Anwälte bauen ihn wieder auf. *Financial Times Deutschland,* Ausgabe vom 06.12.2000

Kühlmann, Torsten (2005): *Unternehmerhandeln in der Volksrepublik China – Bedingungen und Erscheinungsformen.* Onlinequelle: http://www.hrm.uni-bay reuth.de/elemente/downloads/forschung/unibtbwl4_abschlussbericht_forarea _china.pdf [letzter Aufruf: 13.07.2008]

Lauber, Jürg (2003): China auf dem Weg zu einer bescheidenen Wohlstandsgesellschaft. *Die Volkswirtschaft – Magazin für Wirtschaftspolitik,* Ausgabe 10 2003, S. 57-62

Lai, Qi (2006): *Corporate social responsibility of SMEs in China: Challenges and outlooks.* Bremen: Universität Bremen

Law Bridge (2005): *The company law of the Peoples Republic of China – revised in 2005.* Onlinequelle: http://www.law-bridge.net/english/LAW/20064/ 0221042566163.html [letzter Aufruf: 22.06.2008]

Lehmann, Lee & Xu (2008): *Labor Law of the People's Republic of China – 1995.* Onlinequelle: http://www.lehmanlaw.com/resource-centre/laws-and-regulations/labor/labor-law-of-the-peoples-republic-of-china-1995.html [letzter Aufruf: 27.06.2008]

Manager Magazin Online (2008): Umfrage – Mittelstand scheut Börsengang. Onlinequelle: http://www.manager-magazin.de/unternehmen/mittelstand/ 0,2828,561158,00.html [letzter Aufruf: 06.07.2008]

Meisig, Konrad (Hrsg.) (2005): *Chinesische Religion und Philosophie.* Wiesbaden: Harrassowitz Verlag

Messner, Dirk (Hrsg.) (1998): *Die Zukunft des Staates und der Politik: Möglichkeiten und Grenzen politischer Steuerung in der Weltgemeinschaft.* Bonn: Dietz Verlag

Meyer, Jörn-Axel (Hrsg.) (2006): *Kleine und mittlere Unternehmen in neuen Märkten.* Köln: Eul Verlag

Meyers Lexikon Online (2008a): *Definition Generation.* Onlinequelle: http://lexikon.meyers.de/meyers/Generation [letzter Aufruf 28.06.2008]

Meyers Lexikon Online (2008b): *Definition Korruption.* Onlinequelle: http://lexikon.meyers.de/meyers/Korruption [letzter Aufruf: 07.7.2008]

MOFCOM (2003): Law of the People's Republic of China on Promotion of SME. Onlinequelle: http://tradeinservices.mofcom.gov.cn/en/b/2002-06-29/27886.shtml [letzter Aufruf: 07.07.2008]

NBSC (2008): *Yearly Data – Employment and wages*. Onlinequelle: http://www.stats.gov.cn/english/statisticaldata/yearlydata/ [letzter Aufruf 11.07.2008]

Novexcn (2008): *Personal income tax law of the PR China*. Onlinequelle: http://www.novexcn.com/personal_icm_tax_99.html [letzter Aufruf 23.06.2008]

Nutzinger, Hans G. (Hrsg.) (2002): *Religion, Werte und Wirtschaft*. Marburg: Metropolis Verlag

Ohio Shaolin-Do (2008): *Yin-Yang Symbol*. Onlinequelle: www.ohioshaolindo.com/yin yang.gif [letzter Aufruf: 07.06.2008]

People's Daily Online (2004): *China emphasizes SME development by launching major expo*. Onlinequelle: http://english.people.com.cn/200407/09/eng20040709 _148984.html [letzter Aufruf 26.05.2008]

People's Daily Online (2006): *China sets up special fund to support SMEs*. On-linequelle: http://english.people.com.cn/200610/06/ eng20061006_309327.html [letzter Aufruf: 26.05.2008]

People' Daily Online (2007): *China's parliament adopts enterprise income tax law*. Onlinequelle: http://english.people.com.cn/200703/16/print20070316_ 358252.html [letzter Aufruf: 23.06.2008]

Pierk, Christine (2007): *Die Ein-Kind-Politik der VR China und ihre Auswirkungen*. Onlinequelle: http://www.igfm.de/Die_Ein-Kind-Politik_der_VR_China_ und_ihreAuswirkungen.978.0.html [letzter Aufruf 18.06.2008]

Pilny, Karl (2005): *Das asiatische Jahrhundert*. Frankfurt/Main: Campus Verlag GmbH

Pilny, Karl (2006): *Tanz der Riesen*. Frankfurt/Main: Campus Verlag GmbH

Pinsent Masons (2006): *Introduction to China's new company law*. Onlinequelle: http://www.pinsentmasons.com/media/1186002219.pdf [letzter Aufruf: 22.06.2008]

Ran, Chen (2007): Rosy Outlook for SMEs in China. *Bejing Review*, Ausgabe vom 02.11.2007

Reisach, Ulrike/ Tauber, Theresia/Yuan, Xueli (2006): *China – Wirtschaftspartner zwischen Wunsch und Wirklichkeit*. Heidelberg: Redline Wirtschaft, Redline GmbH

Roetz, Heiner (2006): *Konfuzius*. München: Verlag C.H. Beck oHG

Romich, Manfred F. (Hrsg.) (1991): *Wirtschaftsreform und gesellschaftliche Entwicklung*. Frankfurt/Main: Verlag Peter Lang GmbH

SAIC (2005): The Company law of the People's Republic of China. Onlinequelle: http://wzj.saic.gov.cn/pub/ShowContent.asp?CH=ZCFG&ID=213&myRandom =.93876781826 [letzter Aufruf: 22.06.2008]

SAT (2007a): *Provisional Regulations on Enterprise Income Tax of the People's Republic of China*. Onlinequelle: http://www.chinatax.gov.cn/n6669073/ n6669088/6888563.html [letzter Aufruf: 23.06.2008]

SAT (2007b): *Individual Income Tax of the People's Republic of China*. Onlinequelle: http://www.chinatax.gov.cn/n6669073/n6669088/6888498.html [letzter Aufruf: 23.06.2008]

Schmitt, Stefanie (1999): Private Unternehmen im Transformationsland China. *Europäische Hochschulschriften*, Bd. 2531, Reihe 5. Frankfurt am Main: Peter Lang GmbH

Schultz, Stefan (2008): *Patentrecht in der Krise – Lieber in den Panzerschrank*. Onlinequelle: http://www.spiegel.de/wirtschaft/0,1518,526453,00.html [letzter Aufruf: 27.06.2008]

Seelmann-Holzmann, Anne (2006): *Der rote Drache ist kein Schmusetier*. Heidelberg: Redline Wirtschaft, Redline GmbH

Shafy, Samiha (2004): *Stille Eroberer*. Onlinequelle: http://www.welt.de/print-welt/article335217/Stille_Eroberer.html [letzter Aufruf 13.07.2008]

Sieren, Frank (2005): *Der China Code – Wie das boomende Reich der Mitte Deutschland verändert*. Berlin: Econ Verlag

SIPO (2008a): *Outline of the National Intellectual Property Strategy*. Onlinequelle: http://www.sipo.gov.cn/sipo_English/news/iprspecial/200806/t20080621_40763.htm [letzter Aufruf 27.06.2008]

SIPO (2000): *Patent Law of the People's Republic of China*. Onlinequelle: http://www.sipo.gov.cn/sipo_English/laws/lawsregulations/200203/t20020327_3872.htm [letzter Aufruf: 27.06.2008]

SIPO (2007a): *Domestic Applications for Patents*. Onlinequelle: http://www.sipo.gov.cn/sipo_English/statistics/gnipglb/2007/200801/t2008011_230752.htm [letzter Aufruf 17.06.2008]

SIPO (2007b): *Domestic Grants for Patents*. Onlinequelle: http://www.sipo.gov.cn/sipo_English/statistics/gnsqb/2007/200801/t20080116_30758.htm [letzter Aufruf: 27.06.2008]

SIPO (2006): *Domestic Applications for Three Kinds of Patents According to Service and Non-Service, 2000-2006*. Onlinequelle: http://www.sipo.gov.cn/sipo_English/statistics/200706/t20070611_174615.htm [letzter Aufruf: 27.06.2008]

SITrends (2002): *China's services SMEs*. Onlinequelle: http://www.sitrends.org/facts/figure.asp?FIGURE_ID=84 [letzter Aufruf: 26.05.2008]

SMEDA (2007): *SME Development Report*. Onlinequelle: http://www.smeda.org.pk/main?id=2 [letzter Aufruf 27.12.2007]

SMEO (2008): *Introduction to forum of China SMEO.* Onlinequelle: http://www.chinamec.org/luntan_eng/index.html [letzter Aufruf: 13.07.2008]

Tagscherer, Ulrike (1999): *Mobilität und Karriere in der VR China – chinesische Führungskräfte im Transformationsprozess.* Heidelberg: Verlag des geographischen Instituts der Universität Heidelberg

Trade Mark (2008): *Trademark Law of the People's Republic of China.* Onlinequelle: http://www.trade-mark.cn/trademark-law-of-the-peoples-republic-of-china.html [letzter Aufruf 27.06.2008]

Transparency International: *Corruption Perceptions Index 2007.* Onlinequelle: http://www.transparency.org/policy_research/surveys_indices/cpi/2007 [letzter Aufruf 07.07.2008]

US-Embassy (2002): *China's small and medium enterprises: Room to grow with WTO.* Onlinequelle: http://www.usembassy-china.org.cn/econ/smes2002.html [letzter Aufruf: 26.05.2008]

Wegmann, Konrad (Hrsg.) (1996): *Studien zur chinesischen Wirtschaft.* Münster: Lit Verlag

Weidenfeld, Ursula (2005): Die Chinesen kommen – und bleiben. Onlinequelle: http://www.tagesspiegel.de/wirtschaft/;art271,2193338 [letzter Aufruf 06.07.2008]

Wenk, Kirstin (2005): *Diskrete Investoren aus dem Reich der Mitte.* Onlinequelle: http://www.welt.de/print-welt/article176366/Diskrete_Investoren_aus_dem_Reich_der_Mitte.html [letzter Aufruf 10.07.2008]

Wien international (2006): *Neuer Technologiepark in Wien.* Onlinequelle: http://www.wieninternational.at/de/node/990 [letzter Aufruf 04.07.2008]

Xinhua News Agency (2008): *Three more Chinese brands appear on world top 500 list.* Onlinequelle: http://english.mofcom.gov.cn/aarticle/newsrelease/commonnews/200807/20080705661770.html [letzter Aufruf 14.07.2008]

Xinhua News Agency (2006): Rural Commercial Bank promises more loans to SMEs. Onlinequelle: http://www.china.org.cn/english/features/poverty/174662.htm [letzter Aufruf: 26.05.2007]

Zhao, Ziyang (1987): Vorwärts auf dem Weg sozialistischer Prägung. *Beijing Rundschau*, Ausgabe vom 10.11.1987, S. I-XXXV

Zürl, Karl-Heinz / Huang, Jinmei (2002): *Wirtschaftshandbuch China.* Wien: Odenburg Verlag

S   Sonstige Quellen

Lin, Harrison: *ThinkSmart Business Consulting Co., Ltd.;* Office Room H, 17F-85, Xiangcheng Rd., Pudong, Shanghai, PR China

A Anhang

Anhang 1: Politisch-administratives System der VR China

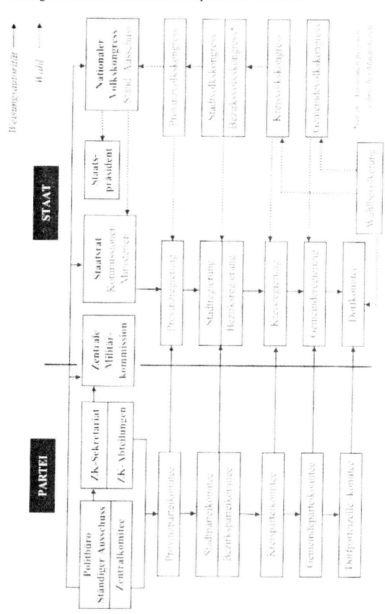

Quelle: Heilmann (2002), S. 89

Anhang 2: Bevölkerungsverteilung in der VR China

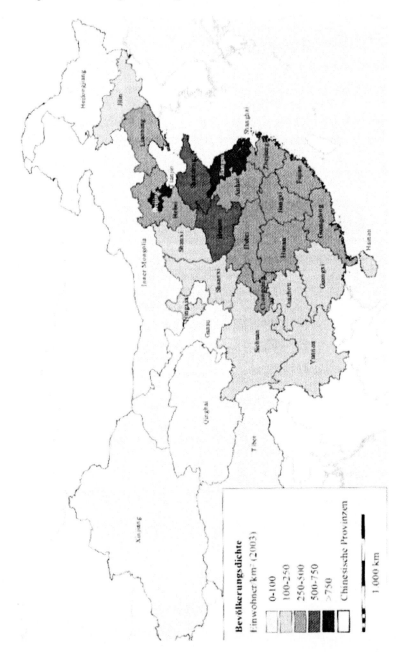

Quelle: Kasperk/Woywode/Kalmbach (2006), S. 10

Anhang 3: Geographische Verteilung des BIP der VR China

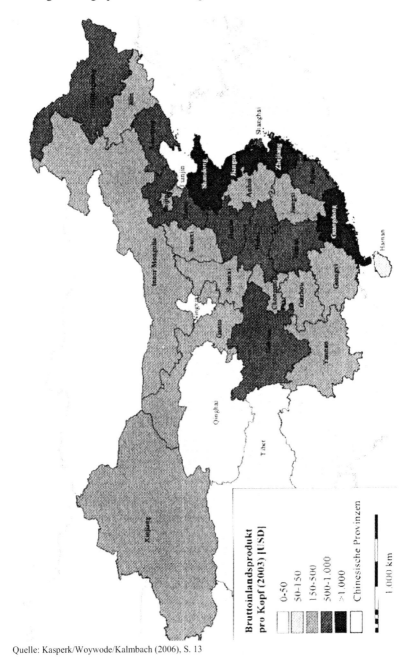

Quelle: Kasperk/Woywode/Kalmbach (2006), S. 13

Anhang 4: Steuersystem der VR China

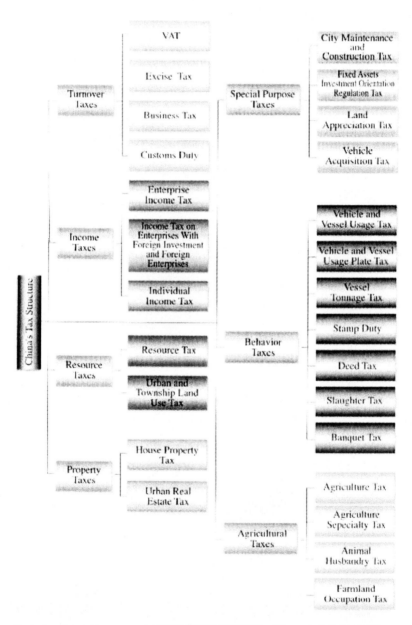

Quelle: http://www.chinatax.gov.cn/n6669073/n6669133/6887407.html [letzter Aufruf 23.06.2008]

Anhang 5: Ergebnisse der Mittelstandsstudie

Part 1: General questions about the person and the company

Company		#1	#2	#3	#4	#5
Question						
1.1	Position	CEO	CEO	DPM	CEO	DPM
1.2	Region	Shanghai	Beijing	Zhejiang	Beijing	Hunan
1.3	Legal form	LLC	LLC	LLC	LLC	LLC
1.4	Number of locations	1	3	1	1	3
1.5	Branch					
1.5.1	#1	Financial Consulting	Raw materials	Cloth	Insurance	Industry
1.5.2	#2	Legal Consulting			Senior Housing	Machinery components
1.5.3	#3				(Industrial)	Spare parts
1.6	Main products					
1.6.1	#1	Accounting Service	Granite	Underwear	Consulting	Bearing
1.6.2	#2	Taxation Service	Rare precious metal	Sportswear	Marketing	Cylindrical roller bearing
1.6.3	#3	Legal Service	Mineral mountain			full complement cylindrical roller bearing
1.6.4	#4		Open air coal mines			non-standard roller bearing

Company		#6	#7	#8	#9	#10
Question						
1.1	Position	DPM	CEO	Proprietor	CEO	DPM
1.2	Region	Shandong	Guangdong	Jiangsu	Zhejiang	Zhejiang
1.3	Legal form	LLC	LLC	LLC	Share partnership	LLC
1.4	Number of locations	1	2	1	1	3
1.5	Branch					
1.5.1	#1		Toolmaking	Arts & Crafts	Bags	Manufactures
1.5.2	#2				Travel products	
1.5.3	#3				Lights	
1.6	Main products					
1.6.1	#1	Frozen fruit and vegetables	molds for plastic part productions	Chinese folk handicrafts	Luggage set	Coaxial Cable
1.6.2	#2	Fruits and vegetable juice concentrate			Cosmetic Bag	
1.6.3	#3	Fruits and vegetables puree concentrate			Business bag	
1.6.4	#4	Canned fruits and vegetables			Travel bag	

Company		#11	#12	#13	#14	#15
Question						
1.1	Position	CEO	CEO	CEO	CEO	DPM
1.2	Region	Beijing	Beijing	Shanghai	Guangdong	Guangdong
1.3	Legal form	LLC	LLC	LLC	LLC	LLC
1.4	Number of locations	4	3	1	4	1
1.5	Branch					
1.5.1	#1	Industry	Consulting	Insurance	Textile	Food
1.5.2	#2					Export
1.5.3	#3					
1.6	Main products					
1.6.1	#1	Machinery components	Strategy consulting		Scrubs	Chinese food
1.6.2	#2		Financial consulting			
1.6.3	#3					
1.6.4	#4					

Company		#16	#17	#18	#19	#20
Question						
1.1	Position	CEO	DPM	DPM	Proprietor	DPM
1.2	Region	Hebei	Beijing	Zhejiang	Shanghai	Jiangsu
1.3	Legal form	LLC	LLC	LLC	LLC	LLC
1.4	Number of locations	1	3	2	1	4
1.5	Branch					
1.5.1	#1	Textile	Building industry	Transportation	Wholesale	Building industry
1.5.2	#2					
1.5.3	#3					
1.6	Main products					
1.6.1	#1	Cloth		Logistic services	Chinese art	Office buildings
1.6.2	#2			Container	Chinese handicraft	Architecture
1.6.3	#3			Freight vehicle		Construction work
1.6.4	#4					

Part 2: Question about the development of the company

Company		#1	#2	#3	#4	#5
Question						
2.1	Foundation	2004	1998	2003	2006	1960
2.2	Number of employees					
2.2.1	1990	0	0	0	0	500
2.2.2	1995	0	0	0	0	600
2.2.3	2000	0	56	0	0	1100
2.2.4	2002	0	57	0	0	1000
2.2.5	2004	8	62	10	0	300
2.2.6	2006	15	68	50	2	250
2.3	Annual Sales					
2.3.1	1990	0	0	0	0	30
2.3.2	1995	0	0	0	0	40
2.3.3	2000	0	16	0	0	60
2.3.4	2002	0	20	0	0	50
2.3.5	2004	1.5	33	2	0	8
2.3.6	2006	3	64	10	0	20

Company		#6	#7	#8	#9	#10
Question						
2.1	Foundation	2001	2002	2006	2006	2006
2.2	Number of employees					
2.2.1	1990	0	0		0	0
2.2.2	1995	0	0		0	0
2.2.3	2000	0	0		0	0
2.2.4	2002	150	40		0	0
2.2.5	2004	200	60		0	0
2.2.6	2006	230	75		7	80
2.3	Annual Sales					
2.3.1	1990	0	0		0	0
2.3.2	1995	0	0		0	0
2.3.3	2000	0	0		0	0
2.3.4	2002	25	1		0	0
2.3.5	2004	32	4		0	0
2.3.6	2006	38	10		0	30

Company		#11	#12	#13	#14	#15
Question						
2.1	Foundation	1985	2000	2002	1999	2006
2.2	Number of employees					
2.2.1	1990	4000	0	0	0	0
2.2.2	1995	3750	0	0	0	0
2.2.3	2000	1000	20	0	150	0
2.2.4	2002	1000	25	4	220	0
2.2.5	2004	600	70	53	500	0
2.2.6	2006	500	120	76	1200	15
2.3	Annual Sales					
2.3.1	1990	300	0	0	0	0
2.3.2	1995	170	0	0	0	0
2.3.3	2000	100	3	0	30	0
2.3.4	2002	70	8	1.5	100	0
2.3.5	2004	60	7	9	126	0
2.3.6	2006	75	15	11.5	270	40

Company		#16	#17	#18	#19	#20
Question						
2.1	Foundation	2004	2000	2003	2002	2004
2.2	Number of employees					
2.2.1	1990	0	0	0	0	0
2.2.2	1995	0	0	0	0	0
2.2.3	2000	0	200	0	0	0
2.2.4	2002	0	760	0	4	0
2.2.5	2004	70	1800	350	17	567
2.2.6	2006	145	1850	576	45	2789
2.3	Annual Sales					
2.3.1	1990	0	0	0	0	0
2.3.2	1995	0	0	0	0	0
2.3.3	2000	0	31	0	0	0
2.3.4	2002	0	175	0	1	0
2.3.5	2004	3	278	45	3.5	34
2.3.6	2006	26	250	78	4	267

154

Part 3: Questions about the company structure

Company		#1	#2	#3	#4	#5
Question						
3.1	Organisation structure	Functional	Functional	Functional	Functional	Functional
3.2	Number of divisions	2	3	3	3	1
3.3	Most important divisions					
3.3.1	#1	Accounting Consulting		Marketing	Consulting	Technical
3.3.2	#2			R&D	Marketing	Sales
3.3.3	#3			Production	Industrial	Production
3.3.4	#4			Financial	Financial	QC
3.3.5	#5			QC	Trading	Financial
3.4	Divisions with most employees					
3.4.1	#1	Legal Consulting		Production	Consulting	Production
3.4.2	#2	Accounting Consulting		Marketing	Marketing	Technical
3.4.3	#3	Management			Industrial	QC
3.4.4	#4				Financial	Sales
3.4.5	#5				Trading	Financial
3.5	Hierarchy levels					

Company		#6	#7	#8	#9	#10
Question						
3.1	Organisation structure	Functional	Process-oriented	Functional	Functional	Process-oriented
3.2	Number of divisions	4	5		2	5
3.3	Most important divisions					
3.3.1	#1	General management	Finance		Finance	QC
3.3.2	#2	International trade	Mold design		Sales	Sales
3.3.3	#3	QC	Sales		Administration	Financial
3.3.4	#4	Fields management	Production		QC	Production
3.3.5	#5	Administration			R&D	General management
3.4	Divisions with most employees					
3.4.1	#1	Workshop management	Mold design			Production
3.4.2	#2	Fields management				
3.4.3	#3	QC				
3.4.4	#4					
3.4.5	#5					
3.5	Hierarchy levels					

Company		#11	#12	#13	#14	#15
Question						
3.1	Organisation structure	Functional	Functional	Functional	Process oriented	Functional
3.2	Number of divisions	5	3	6	7	4
3.3	Most important divisions					
3.3.1	#1	R&D	Strategy Consulting	Trading	Production	Fields management
3.3.2	#2	QC	Financial Consulting	Industrial services	QC	QC
3.3.3	#3	Production	General management	Consulting	Sales	Administration
3.3.4	#4	Trading		Marketing	Marketing	Sales
3.3.5	#5	Finance			International management	
3.4	Divisions with most employees					
3.4.1	#1	Production	Financial Consulting	Consulting	Production	Administration
3.4.2	#2	Trading	General management	Industrial services	Sales	Fields management
3.4.3	#3	R&D	Strategy Consulting	Marketing	QC	Sales
3.4.4	#4	QC		Financial	International management	QC
3.4.5	#5	Marketing			Marketing	
3.5	Hierarchy levels					

Company		#16	#17	#18	#19	#20
Question						
3.1	Organisation structure	Functional	Functional	Functional	Process oriented	Matrix
3.2	Number of divisions	3	5	3	4	6
3.3	Most important divisions					
3.3.1	#1	Production	Building work	Logistics	Production	Field management
3.3.2	#2	Sales	QC	Coordination	Sales	order management
3.3.3	#3	Administration	Field coordination	Marketing	Marketing	building workers
3.3.4	#4		Administration	Financial	Financial	QC
3.3.5	#5					Administration
3.4	Divisions with most employees					
3.4.1	#1	Production	Building work	Drivers	Production	building workers
3.4.2	#2	Administration	Field coordination	Coordination	Sales	Field management
3.4.3	#3	Sales	Administration	Logistics	Financial	Administration
3.4.4	#4		QC	Financial	Marketing	order management
3.4.5	#5					Financial
3.5	Hierarchy levels					

156

Part 4: Questions about the international engagement of the company

Company		#1	#2	#3	#4	#5
Question						
4.1	Sellcountries beside China					
4.1.1	#1	Japan	USA	Germany	Israel	Europe
4.1.2	#2		Western Europe	Spain	USA	America
4.1.3	#3		Japan	Israel	Eastern Europe	Middle East
4.1.4	#4		Korea	India	Asia	India
4.1.5	#5		Taiwan			South Africa
4.2	Cooperation countries					
4.2.1	#1	Japan	Taiwan	Germany	Israel	Europe
4.2.2	#2		Hong Kong		USA	America
4.2.3	#3				Eastern Europe	Middle East
4.2.4	#4				Asia	India
4.2.5	#5					South Africa
4.3	Hardest competitors					
4.3.1	#1	Japan		Asia	France	Germany
4.3.2	#2				UK	Japan
4.3.3	#3				Canada	USA
4.3.4	#4					Sweden
4.3.5	#5					China
4.4	Future business countries					
4.4.1	#1	Japan		Spain	West Europe	Europe
4.4.2	#2				South America	USA
4.4.3	#3					Middle East
4.4.4	#4					Far East
4.4.5	#5					
4.5	Support in foreign countries	Yes, due to obtained relationships	Yes with producing equipment			No, exclusiv distributors are missing
4.6	Biggest problems for expandation					
4.6.1	#1	Approach to meet clients	Produce the equipment	Revaluation of reserves	Gap in mentality	Chinese brand
4.6.2	#2	Obtain qualified consulting teams	Flow of funds		Gap in culture	Low price for made in China products
4.6.3	#3	Raise of service charges			More consumers	Missing Resources
4.6.4	#4	Constant law changes in China			Additional funding	Missing sales channels
4.6.5	#5	Cost control at a reasonable level				Missing information

157

Company		#6	#7	#8	#9	#10
Question						
4.1	Sellcountries beside China					
4.1.1	#1	Pakistan	Germany	USA	Brazil	USA
4.1.2	#2	Russia	Italy	Europe	Malta	Canada
4.1.3	#3	India	USA		Czech Republic	Asia
4.1.4	#4	Japan	Brasil		Belica	Australia
4.1.5	#5	Korea			Turkey	Europe
4.2	Cooperation countries					
4.2.1	#1		Germany		Brasil	
4.2.2	#2				Malta	
4.2.3	#3					
4.2.4	#4					
4.2.5	#5					
4.3	Hardest competitors					
4.3.1	#1	India	Germany	India	China	
4.3.2	#2	Vietnam			India	
4.3.3	#3	Poland			Indonesia	
4.3.4	#4					
4.3.5	#5					
4.4	Future business countries					
4.4.1	#1	Germany	Russia	Germany	Germany	Europe
4.4.2	#2	Russia			Norway	
4.4.3	#3	England			Australia	
4.4.4	#4	Belgium			France	
4.4.5	#5	Holland			Belgium	
4.5	Support in foreign countries	No, little information and no chance to get in touch				
4.6	Biggest problems for expanantation					
4.6.1	#1	Too little official information	Transportation cost		Missing informations about advertising channels	
4.6.2	#2	Highest quality on products	Material cost		Find reliable business partners	
4.6.3	#3	Lack in trust	Energy cost			
4.6.4	#4		Low level of workers			
4.6.5	#5					

Company		#11	#12	#13	#14	#15
Question						
4.1	Sellcountries beside China					
4.1.1	#1	Germany	Japan	USA	Eastern Europe	USA
4.1.2	#2	France	Korea	Eastern Europe	Africa	Germany
4.1.3	#3	Korea		Asia	India	UK
4.1.4	#4	UK		Russia	Vietnam	Belgium
4.1.5	#5				Russia	Holland
4.2	Cooperation countries					
4.2.1	#1	Germany		Thailand		USA
4.2.2	#2	India		India		Germany
4.2.3	#3			Russia		Belgium
4.2.4	#4					Holland
4.2.5	#5					
4.3	Hardest competitors					
4.3.1	#1	Vietnam		Canada		
4.3.2	#2	Poland		UK		
4.3.3	#3	Czech Republic		Russia		
4.3.4	#4					
4.3.5	#5					
4.4	Future business countries					
4.4.1	#1	Europe	Europe	Africa	Germany	India
4.4.2	#2	Middle East			France	Vietnam
4.4.3	#3				UK	Norway
4.4.4	#4				USA	Australia
4.4.5	#5				Australia	
4.5	Support in foreign countries	Not enough	Yes, but only because of existing relationships			
4.6	Biggest problems for expatriation					
4.6.1	#1	missing information	recruitment of qualified consultants	Cultural differences	no sales channel	no market information
4.6.2	#2	find business partners	law changes	no customers	chinese brand	lack of sales channels
4.6.3	#3	lack in quality	high costs	funding	lack of trust	quality guidelines in foreign countries
4.6.4	#4	Lack in trust	problems with obtaining a loan		prejudices in quality	
4.6.5	#5				get adequate price	

Company		#16	#17	#18	#19	#20
Question						
4.1	Sell countries beside China					
4.1.1	#1	Middle East		Germany	UK	
4.1.2	#2	South Africa		USA	France	
4.1.3	#3	India		Australia	Spain	
4.1.4	#4			Asia	Germany	
4.1.5	#5				USA	
4.2	Cooperation countries					
4.2.1	#1	South Africa		Germany		
4.2.2	#2			USA		
4.2.3	#3			Australia		
4.2.4	#4			Asia		
4.2.5	#5					
4.3	Hardest competitors					
4.3.1	#1	China			China	
4.3.2	#2				Vietnam	
4.3.3	#3				India	
4.3.4	#4				Hong Kong	
4.3.5	#5					
4.4	Future business countries					
4.4.1	#1	Europe			Sweden	
4.4.2	#2	USA			Norway	
4.4.3	#3	Australia			Australia	
4.4.4	#4					
4.4.5	#5					
4.5	Support in foreign countries	No				
4.6	Biggest problems for expandation					
4.6.1	#1	transportation fee		different laws	no selling channels	
4.6.2	#2	different qualities		poor information	missing information	
4.6.3	#3			lack in trust	find reliable partners	
4.6.4	#4	make new business contacts			no advertising channels	
4.6.5	#5					

Anhang 6: Auswertung der Mittelstandsstudie

Auswertung Part 1: General questions about the person and the company

Question											
1.1	Position	Chief executive officer (CEO)	Proprietor	Department manager							
		10	2	8							
1.2	Region	Beijing	Zhejiang	Guangdong	Shanghai	Jiangsu	Hunan	Shandong	Hebei		
		5	4	3	3	2	1	1	1		
1.3	Legal form	LLC	Share partnership	Keine Angabe							
		13	1	6							
1.4	Number of locations	Durchschnitt									
		1.95									
1.5	Branch	Wholesale	Industry	Service	Building industry	Transportation	Logistic	Insurance	Chinese Art		
		8	5	4	2	1	1	2	2		
1.6	Main products	Machinery components	Cloth	Consulting				Buildings	Food	Raw materials	Luggage	Logistic services
		4	3	2				2	2	1	1	1

Auswertung Part 2: Question about the development of the company

Question		
2.1	Foundation	Durchschnitt
		2000.3
2.2	Number of employees	Durchschnitt
2.2.1	1990	22.5
2.2.2	1995	31.5
2.2.3	2000	131.3
2.2.4	2002	194.05
2.2.5	2004	233.35
2.2.6	2006	419.65
2.3	Annual Sales	Durchschnitt
2.3.1	1990	16.5
2.3.2	1995	10.5
2.3.3	2000	12
2.3.4	2002	21.6
2.3.5	2004	32.5
2.3.6	2006	60.75

Auswertung Part 3: Questions about the company structure

Question									
3.1	Organisation structure	Functional	Process-oriented	Matrix organisation					
		15	4	1					
3.2	Number of divisions	Durchschnitt							
		3.85							
3.3	Most important divisions	Sales & Marketing	Production	Quality control	Controlling	Administration	Consulting	Fields service management	Research & Development	Logistics	International Department
		17	12	10	9	9	5	4	3	3	2
3.4	Divisions with most employees	Sales & Marketing	Production	Quality control	Controlling	Administration	Consulting	Fields service management	Research & Development	Logistics	International Department
		13	12	7	6	7	2	4	1	3	1
3.5	Hierachy levels	13								

Auswertung Part 4: Questions about the international engagement of the company

Question								
4.1	Sell countries beside China	Germany	North America	South America	Europe	Africa	Asia	Australia
		6	11	2	33	2	20	2
4.2	Cooperation countries	Germany	North America	South America	Europe	Africa	Asia	Australia
		5	4	1	13	2	9	1
4.3	Hardest competitors	Germany	North America	South America	Europe	Africa	Asia	Australia
		2	3	0	10	0	16	0
4.4	Future business countries	Germany	North America	South America	Europe	Africa	Asia	Australia
		4	3	0	26	2	4	5
4.5	Support in foreign countries	Yes	No					
		2	2					
4.6	Biggest problems for expansion	Build up business contacts	Costs	Access to information	Market positioning	Finance	Quality differences	Access to sales channels	Law differences	Cultural differences
		9	8	7	6	6	5	5	3	3

Nina Fechtner
Erfolgsfaktoren deutsch-chinesischer Wirtschaftskooperationen
Am Beispiel der Automobilindustrie

Diplomica 2006 / 146 Seiten / 39,50 Euro

ISBN-13: 978-3-8324-9347-9
EAN 9783832493479

China stellt aufgrund seiner Marktgröße und der optimistischen Wachstumsszenarien für die deutsche Automobilindustrie eine verlockende Möglichkeit dar, im Rahmen der Globalisierung neue Märkte zu erschließen und gleichzeitig qualitativ hochwertige Arbeitsplätze im Inland zu sichern. Bislang wurden kulturell bedingte Konfliktpotenziale bei deutsch-chinesischen Kooperationen häufig unterschätzt sowie die lokalen Rahmenbedingungen nicht ausreichend interpretiert. Dies führt nicht selten zum Scheitern von Kooperationen, so dass die Notwendigkeit einer Erfolgsfaktorenanalyse in deutsch-chinesischen Joint Ventures offensichtlich wird.
Dieses Buch leistet mit Bezug zur Automobilindustrie einen Beitrag zur Klärung folgender Fragen: Welche Entwicklungen sind im chinesischen Automobilmarkt zu erwarten? Wie stellt sich das Wettbewerbsumfeld in China dar? Worin liegen die Vor- und Nachteile verschiedener Kooperationsformen in China? Sichern Investitionen in China langfristig qualitativ hochwertige Arbeitsplätze in Deutschland? Welche Anreize werden ausländischen Investoren geboten? Welche kulturellen Unterschiede können zum Scheitern eines Joint Ventures beitragen? Wie lautet die optimale Markteintrittsstrategie deutscher Unternehmen?

Nicole Ruppel

Deutsche Unternehmen in China: Chancen und Risiken
Unter Berücksichtigung der Produkt- und Markenpiraterie

Diplomica Verlag 2007 / 172 Seiten / 39,50 Euro

ISBN-13: 978-3-8324-9361-5
EAN 9783832493592

In den letzten Jahren hat sich das wirtschaftliche Wachstumspotential zunehmend von Europa und Amerika nach Ost- und Südostasien verlagert. Für die nationalen und internationalen Unternehmen haben sich diese Länder und Regionen zu Konkurrenten, zugleich aber auch zu Abnehmern von Industrieprodukten und hochwertiger Technologie entwickelt.
Unter den neuen "emerging markets" in Südostasien nimmt China eine besondere Rolle ein. Die Volksrepublik ist durch die sich wandelnden wirtschaftlichen und rechtlichen Rahmenbedingungen sowie die Entwicklung zu einer freien Marktwirtschaft als Wirtschaftsstandort attraktiv geworden. China wird als das wirtschaftliche Wunderkind des neuen Jahrtausends gesehen. Investoren reagieren begeistert auf die Möglichkeiten, die sich im "Reich der Mitte" zu bieten scheinen.
Eine Auslandsinvestition beinhaltet aber nicht nur Chancen, sondern auch Risiken. Diese müssen gezielt analysiert werden, denn ein unüberlegtes und überstürztes Vorgehen kann die Rentabilität des Unternehmens mindern oder sogar langfristig den Fortbestand gefährden. Eine solche Analyse ist bei einem geplanten China-Engagement unerlässlich, weil die chinesische Sichtweise in Rechtsfragen häufig von der westlichen abweicht.
Im Rahmen dieser Studie werden die Chancen und Risiken für deutsche Unternehmen sowie mögliche Erfolgsfaktoren einer Investition im chinesischen Markt untersucht, wobei die Problematik der Produkt- und Markenpiraterie ausführlich beleuchtet wird.

Andreas Hellmann

Methodik zur Vorbereitung eines Markteintritts in China
Ein Leitfaden für Unternehmen

Diplomica Verlag 2007 /
144 Seiten / 39,50 Euro

ISBN-13: 978-3-8366-0357-7
EAN 9783836603577

Die Öffnung des gigantischen chinesischen Marktes regt viele Unternehmen zum träumen von phantastischen Umsatzmöglichkeiten an und hat Aktivitäten auf breiter Front ausgelöst. Kaum ein Tag vergeht, an dem nicht über stattgefundene oder geplante Maßnahmen von Unternehmen im Rahmen eines China-Engagements berichtet wird. Kurz: China ist "in". Dabei wird sehr gerne vergessen, dass gerade in China die Umweltbedingungen stark vom gewohnten deutschen Umfeld abweichen und ein besonderes Erfolgsrisiko darstellen. Leider wird viel zu oft überstürzt und ohne eine grundlegende analytische Vorbereitung gehandelt, mit der Folge, dass nach einem Eintritt in China erwartete Gewinne nicht erzielt werden können oder hohe unerwartete Kosten entstehen.

Dieses Buch setzt an dieser Problematik an und stellt ein methodisches Planungsschema vor, durch das ein China-Engagement vorbereitet werden kann. Es wird aufgezeigt, warum eine methodische Vorbereitung notwendig ist und eine Antwort auf die Frage gegeben, welche methodischen Schritte zu einer konsequenten Vorbereitung eines Auslandengagements gehören. Das Ergebnis ist ein Leitfaden, der einen Orientierungsrahmen über die wichtigsten Stufen zur Vorbereitung eines Auslandengagements gibt. Durch seinen allgemeingültigen Charakter kann der Leitfaden für den Markteintritt in China und auch für den Eintritt in andere Auslandsmärkte verwendet werden. Denn: Nicht für alle Unternehmen ist China geeignet, für viele können andere Auslandsmärkte attraktiver sein!

Stefan Tischler
Planet China
Business and Management

Diplomica Verlag 2007 /
100 Seiten / 29,50 Euro

ISBN-13: 978-3-8366-0526-7
EAN 9783836605267

Wenn Menschen aus dem Westen versuchen China einzuordnen, so vergleichen manche es häufig mit Japan oder Südkorea. Andere mit den USA und wieder andere nennen eine Mischung aus dem kolonialen Hongkong und Osteuropa. Alle diese Vergleiche sind schlichtweg unzureichend.
Schon die Tatsache, dass Raubtierkapitalismus und Kommunismus Hand in Hand gehen, ist nach westlicher Meinung kaum vereinbar. China ist gleichzeitig stabil und chaotisch, flexibel und starr, rechtsstaatlich und doch ungesetzlich. China ist anders! China ist gegensätzlich!
Oft treiben diese Gegensätze und die extremen kulturellen Unterschiede den westlichen Geschäftsmann an den Rand der Verzweiflung. Aber warum ist das so? Dieses Buch beschreibt die Gründe für diese Gegensätzlichkeit und liefert eine umfassende und doch leicht zu verstehende Hilfe für jedermann, um die Gefahren und Hindernisse im chinesischen Geschäftsalltag zu meistern.
Des Weiteren gibt die Studie Ratschläge für den Schutz des geistigen Eigentums und untersucht ausführlich Chinas Weltmachtsstrategie.
Das Buch endet mit einer Analyse der chinesischen Bedrohung für die westliche Welt und weist auf dringend notwendige Maßnahmen und Reformen hin, um den Angriff aus Asien abzuwehren.

Benjamin Höhner
Der Markteintritt in China
Die Internationalisierung kleinerer
und mittlerer Unternehmen

Diplomica 2008 / 104 Seiten /
39,50 Euro

ISBN-13: 978-3-8366-0391-1
EAN 9783836603911

Die Internationalisierung ihrer Geschäftsbereiche ist eine der wichtigsten Aufgaben, vor die sich Unternehmungen heutzutage gestellt sehen. Die bisweilen als bedrohlich wahrgenommene Globalisierung der Wirtschaft setzt die Unternehmungen zunehmend unter Zugzwang. Insbesondere Unternehmen, deren Kernmärkte mehr oder weniger saturiert sind, sehen sich gezwungen, neue Absatzmärkte zu erschließen. Daraus resultierend ist in den vergangenen Jahren zu beobachten, dass der Welthandel konstant stärker wächst als die Weltproduktion. Die ausländischen Direktinvestitionen haben selbst dieses Wachstum noch übertroffen, sind weltweit in den vergangenen Jahren jedoch rückläufig.
Einen der populärsten Zielmärkte der Internationalisierung von Unternehmen stellt seit einigen Jahren China dar. Dauerhafte jährliche Wachstumsraten von über 9% und 1,3 Mrd. potenzielle Kunden sind ein schlagkräftiges Argument, China nicht ausschließlich als günstigen Produktionsstandort zu sehen.
Die vorliegende Studie unternimmt den Versuch, einen Überblick über die Möglichkeiten und Schwierigkeiten des großen unternehmerischen Schrittes · des internationalen Markteintritts in die Volksrepublik China · zu geben und hierbei insbesondere die außergewöhnlichen kulturellen, geografischen und ökonomischen Umstände zu berücksichtigen, die der chinesische Markt mit sich bringt.

Carlos M. Llovet Garcia
Die Entwicklung der deutsch-chinesischen Handelsbeziehungen
Ihre Bedeutung für die deutsche Exportwirtschaft im Kontext von Globalisierung und China-Boom

Diplomica 2008 / 140 Seiten / 39,50 Euro

ISBN-13: 978-3-8366-0640-0
EAN 9783836606400

Anhaltende Kritik westlicher Industrienationen am aufstrebenden Reich der Mitte verleitet zu einem einseitig negativen Bild Chinas. Dabei ist die Kritik oft undifferenziert, obwohl die komplexen Zusammenhänge einer eingehenden Betrachtung bedürften. Diese Studie geht der China-Kritik auf den Grund, indem sie einen Teilaspekt der vielschichtigen internationalen Wirtschaftsbeziehungen Chinas untersucht: Im Zentrum stehen die deutsch-chinesischen Handelsbeziehungen, deren Analyse auf fundierten und detaillierten statistischen Daten fußt. Sie umfasst einen historischen Rückblick sowie eine genaue Betrachtung der aktuellen Verhältnisse auf breiter Quellenlage. Das Resultat ist interessant, weil Chinas Handelseinfluss auf Europa und Deutschland überraschend anders dargestellt werden kann, als der Westen allgemein vermittelt. Damit verändert sich das übliche Chinabild.
Zu Beginn der Studie wird zum besseren Verständnis der zentralen Kapitel ein umfassender Überblick zur vergangenen und aktuellen Entwicklung innerhalb Chinas sowie seiner internationalen Beziehungen gegeben (USA, Afrika, EU, WTO). Im Verlauf der Studie werden weitere brisante Themen wie Direktinvestitionen, der Schutz geistigen Eigentums, Wissenstransfer, Hochtechnologie, Umwelt und Konsum beleuchtet. Anhand konkreter Beispiele, auch der deutschen Wirtschaft, werden die Themen veranschaulicht.
Die Studie erlaubt dem Leser einen neutralen, gut recherchierten, facettenreichen und hoch-informativen Blick auf top-aktuelle wirtschaftspolitische Fragen Chinas.